¿POR QUÉ MURIÓ MI HIJO...?

Montiel F., Rocío
¿Por qué murió mi hijo...? / Rocío Montiel F.; Edición literaria de Luis P. Videla, - 1ª ed. Ciudad Autónoma de Buenos Aires: Deauno.com, 2018
154 p.; 21 x 15 cm.

ISBN 978-987-680-141-6

1. Memoria autobiográfica. I. Videla, Luis, ed. Lit. II. Título.

CDD 920

Queda rigurosamente prohibida, sin la autorización escrita de los titulares del copyright, bajo las sanciones establecidas por las leyes, la reproducción total o parcial de esta obra por cualquier medio o procedimiento, comprendidos la fotocopia y el tratamiento informático.

© 2018, Rocío Montiel F.
© 2018, Deauno.com (de Elaleph.com S.R.L.)
© 2018, Luis Pedro Videla, ed. literaria

contacto@elaleph.com
http://www.elaleph.com

Para comunicarse con el autor: RMONTIELF@aol.com

Primera edición

ISBN 978-987-680-141-6

Hecho el depósito que marca la Ley 11.723

Impreso en el mes de abril de 2018 en
Dicodi S.R.L.
Carlos Tejedor 2815, Munro,
Provincia de Buenos Aires, Argentina.

Rocío Montiel F.

¿Por qué murió mi hijo...?

deauno.com

a D<small>IOS</small>:
*Mi Creador,
por quien soy...*

*a Jesús Cristo:
"Mi camino, mi verdad
y mi vida..."*

*al Espiritu Santo:
Mi escencia...*

A Farút Yucef:
El principio, el amor, la vida, el dolor...

A José Naím:
"mi amorcito corazón."
Esencia misma del creador.

A Tahani *y* Samira:
La luz y la fuerza en mi vida.

A mi esposo **Farut**:
Mi mejor compañero de vida e inigualable fortaleza.

A mis padres, a mi nana y a mis amigos:
Gracias por su apoyo, cariño y constancia incondicional.

Mi gratitud

Quiero agradecer a todas y cada una de las personas que Dios me ha concedido el privilegio de conocer, de una u otra manera, a lo largo de mi vida.

Quiero decir: *Gracias* a todos aquellos con los que compartí risas, juegos, diversión y aventuras; incluso a áquellos que provocaron lágrimas, tristezas o dolor, porque de todos, sín excepción, aprendí y compartí algo: tiempo, vida, espacio, ¡experiencias!

Por que todos han dejado huellas en mi vida o se han llevado algo de mí, porque algunos llenan mis recuerdos, mi pasado y otros alimentan mi presente, mi hoy; sín embargo, haciendo un recuento descubro que soy parte de cada uno de ellos, que estoy hecha de cada uno de esos momentos compartidos, de esas risas, lágrimas, emociones y sensaciones vividas y confirmo que *soy lo que ahora soy, por cada uno de ellos.*

Por esos fragmentos de sus vidas en la mía, sín importar el tiempo o la experiencia compartida, de todo corazón, les digo:

¡GRACIAS POR FORMAR PARTE DE MI VIDA Y POR PERMITIRME FORMAR PARTE DE LA SUYA!

Introducción

Me decidí a escribir esta parte de nuestra historia, porque cuando uno se encuentra atravesando o viviendo momentos en los que ya se ha rebasado el límite del dolor, de la desesperación, de la razón e incluso de la cordura uno "busca" desesperadamente a qué asirse o de qué agarrarse para no dejarse caer en ese precipicio de obscuridad y locura que se abre ante nosotros.

Uno lee, investiga, averigua y cuando finalmente descubre que otras personas, otras madres u otras familias pasaron o están viviendo lo mismo que tú, sientes una irracional "alegría" y cierto alivio, por que te das cuenta que no solo eres tú, que el mundo no está conspirando sólo contra tí, que no eres el único "centro" del dolor o de la vida y ese 'darte cuenta de ello' te hace sentir una incongruente, sí, tranquilidad, le dá cierto sosiego y respiro al alma y descubres, comprendes y entiendes que alguien o algunos más están luchando la misma batalla que tú y tu ser, tu espíritu sienten cierta calma, cierta esperanza...

"Cierra tus ojos por un breve momento y piensa qué sería de tu vida si ya no tuvieras a uno de tus hijos. Ese estremecimiento de horror que automáticamente rechazas apenas pensarlo, no es ni la milésima parte de lo que los padres sufren cuando esto sucede. Literalmente el mundo, tu persona, tu realidad cambia, al punto que ni siquiera sabes si es un sueño o una realidad y duele tanto que hasta respirar es una hazaña".

El presente y un poco de mí

"Cuando el dolor sobrepasa los límites, el alma se arrodilla, la lágrima se seca, el grito calla, la razón se pierde y la locura se avergüenza..."

¿Escribir? ¿Se puede realmente describir con palabras, en toda su extensión, en toda su magnitud el dolor que siento?

Creo que no. Creo que aún no se han inventado las palabras adecuadas para describir el tormento, la desolación, el pesar que causa perder a un hijo y el esfuerzo que se necesita para seguir viviendo con el alma mutilada y hacerle frente a la vida para seguir de pie.

No hay palabras que puedan expresar con claridad la intensidad de este sentimiento, que congela tus emociones y paraliza tus sentidos.

Te veo José Naím, inerte en esa cama y créeme, amor, que no encuentro una sola palabra que se le acerque siquiera a lo que estoy sintiendo en este momento...

Me siento perdida, ¿sabes? No sé lo qué está pasando, no sé lo que estoy sintiendo y no sé lo que estoy haciendo.

Sólo sé que me estoy muriendo al igual que tú y que todo pierde su sentido, su valor.

Llevamos casi un mes aquí, en este hospital y no sé realmente dónde estoy. No me encuentro. Me busco y no me encuentro. Me perdí, no sé si volveré a encontrarme, no sé si quiero encontrarme y menos aún sé, lo qué lograré hallar...

Pero bueno, eso por el momento no importa. Lo verdaderamente importante eres tú mi amor y que yo estoy y estaré siempre junto a tí.

Aspiré profundo, llenando de aire mis pulmones y mirando sín ver una vez más aquel cuarto típico de hospital al mismo tiempo que con determinación y fuerza endurecía mi ser, para poder seguir aquí, al lado de mi bebé. Con el mejor tono de voz que me pudo salir, empecé a platicar, a hablar con él.

—Anoche te hizo guardia una enfermera de nombre Nuria y nos pasamos casi toda la noche conversando. Es muy agradable, ¿sabes? —le sonreí a mi bebé postrado, inmóvil en aquella cama de hospital y proseguí con mi "charla".

Platicamos mucho, de muchas cosas, increíble, ¿verdad? Que dos personas que apenas se acaban de conocer hablen tanto y de tantas cosas, como si ya nosconociéramos, pero precisamente esa impresión me dio. Fue bastante agradable y confortable hablar con ella y entre todas esas cosas que hablamos me sugirió que empezara a escribir todo lo que nos ha pasado, lo que platicamos tú y yo, en fin... tomé su pequeña mano entre las mías, ¡Dios, cómo deseo que esas manos vuelvan a tocarme! Mi voz quizo quebrarse al mismo tiempo que sentí un vuelco en el corazón, así que dejando su manita de nuevo en la cama, continué mi... "nuestra conversación".

—¿Crees que sea buena idea? —Le pregunté, al mismo tiempo que de manera rápida miraba su carita, para enseguida desviar mi mirada, antes de que mis emociones me descontrolaran: Era imposible verlo y continuar tratando de disimular que el dolor ¡me estaba desgarrando por dentro...!—. Tal vez sí —continué, con mi voz forzada para parecer casual—, pero esta sugerencia me hizo pensar que tal vez también sería bueno que yo fuera platicándote un poco de nosotros. Tal vez te gustaría saber lo que hemos hecho antes de que tú llegaras a nuestras vidas —sonreí—. Te hablaré de tu hermano mayor, Farucito, al que no conociste y sín embargo eres tan parecido a él...

—¡Hola! —saludó Grace, la enfermera en turno que venía a darle algunos medicamentos a mi bebé.

—¡Hola! —correspondí a su saludo y traté de sonreirle. Me levanté de la silla que había puesto al lado de la cama de mi José Naím. Con Grace no había necesidad de estar tan al pendiente, era tan eficaz, tan responsable y cariñosa, no sólo con mi hijo sino también conmigo.

—Vamos, váyase a tomar un café y a desayunar. Yo me hago cargo de mi amor. —Una vez más me "echó" del cuarto para que yo me diera un tiempo para descansar. Lo dicho, Grace estaba al pendiente de todo.

Tomé mi bolso y con un "gracias, no me tardo" salí hacia la salita que tenían en el piso y en donde se encontraba también el café y unos panecitos que ponían todas las mañanas.

Me senté en una silla al lado de una mesa, con mi café y un *muffin*. Observé el lugar. Había fotografías de niños de diferentes edades acompañados de enfermeras o de algún doctor. Se veían sonrientes, había terminado, tal vez, su calvario, dejaban el hospital con ansias de jugar, de brincar, de vivir...

Sín poder evitarlo, se me escapó un suspiro y me quedé quieta, con la mirada fija en la nada, sin emociones ni sentimientos que me estremecieran o me hicieran sentir que estaba viva, que no había perdido mi capacidad de sentir, de pensar, de vivir.

Después de un momento, me levanté y me fui decidida hacia el cuarto. Había tomado una decisión: Tomaría en cuenta la sugerencia de Nuria, comenzaría a escribir.

—Será algo bueno, lo sé —me dije, considerando la idea.

Grace todavía se encontraba con José Naím cuando llegué al cuarto.

—Ya casi termino —me dijo, con su dulce voz—, sólo lo estoy cambiando de posición.

—Gracias, Grace —le sonreí—. ¿Puedes conseguirme algunas hojas donde escribir?

—Claro, en un momento se las traigo, ¿ok? —Segundos después salió del cuarto.

Le eché una breve mirada a José Naím. Todo estaba igual, no había cambios ni en él ni en los números que mostraban las máquinas que tenía conectadas a su cuerpecito, a su vida... Me asomé a la ventana del cuarto y vi que el día parecía frío, nublado, era como si el sol fuera mi aliado en estos momentos y se negara también a regalar su luz, su calor.

—Aquí tiene las hojas, ¿le alcazan con estas? —Grace regresó al cuarto, con un buen número de hojas blancas y lapiceros.

—Gracias, Grace. —Le dije, tomando las hojas y dirigiéndome hacia el mueble que estaba al fondo del cuarto y que en las noches se convertía en cama. Casi sin darme cuenta empecé a escribir; ¡Dios! Era como si le hubieran ofrecido un vaso de agua al sediento. ¡Cuánta necesidad tenía mi alma!

Después de un buen tiempo, horas quizás, absorta en mi escritura, me di un tiempo para ver, para leer lo que había escrito:

Un poquito de mí antes de ti, "amorcito, corazón"

Quisiera hablarte, José Naím, un poco sobre mí y aclaro que no es porque tenga cosas excitantes o sobresalientes en mi vida, si no más bien, para que entendamos que a cualquier ser humano, incluso a aquellos que llevamos una vida común y corriente, también nos pasan cosas fuera de lo normal y díficiles de creer o imaginar.

Si tuviéramos todas las respuestas, ya no necesitaríamos de Dios.

Cuando escuché esto por primera vez, por fin entendí el por qué del misterio de la vida. Mi vida no ha sido fácil y no me refiero al valor económico o material, que parece ser la mayor preocupación de todos en este tiempo; no, me refiero a la parte sentimental, esa que alimenta nuestra alma y espíritu y nos impulsa a vivir y nos ayuda a sentir plenamente nuestro paso por la tierra, ese paso que nosotros llamamos "vida".

En este preciso momento estoy tratando desesperadamente de seguir a flote en un mar, cuyo torrente de emociones son tan fuertes y destructivas, como lo pueden ser la rabia, el dolor, la amargura y la desesperación. De la manera más dura he aprendido lo cruel que puede ser la vida y lo empeñada que está en seguirlo siendo conmigo.

Alguna vez escuché decir que "la vida es un reto", esto es verdad ya que aveces se torna tan difícil y dolorosa, que se necesita algo más para poder seguir viviendo.

También he oído hablar mucho del "libre albedrío" que Dios nos ha concedido en nuestro reto de vida y para hacer uso de él, necesitamos conocer todo: lo bueno y lo malo; la alegría y la tristeza; el llanto y la risa; el amor y el dolor; la riqueza y la pobreza; en fin, todo aquello en lo que haya dualidad: la vida y la muerte...

Quizás por eso yo conocí al inicio de mi vida todo lo bonito de ella. (amor, risas, abundancia, bondad, alegría).

Mi nombre es Rocío, mi niñez y adolescencia fueron "color de rosa".

Lo tuve todo, desde unos excelentes padres hasta una vida llena de felicidad y abundancia. Compartí momentos únicos de felicidad, de risas y alegrías con hermanos, primos y excelentes amigos y precisamente en esa época comenzó mi relación con mi hermano y amigo: *Jesúscristo.*

No había nada que yo deseara o le pidiera que él no me concediera. Así funcionaba, yo solo pedía y él me daba.

Era *fe*, solía decirme. Esa *fe* que me hacía sentir especial. Esa *fe* de la que Jesús dice: "puede mover montañas".

Esa *fe* que te ayuda a sentirte seguro en la vida y que te hace pensar que todo lo puedes, que todo lo tienes. Todo era alegría y felicidad, con los problemas inherentes de la adolescencia, nada fuera de lo normal, todo estaba bien. Todo, hasta aquel día...

A los veintiún años terminé de estudiar la Universidad y regresé enseguida a mi pueblo, a mi gente, a la vida sencilla que sólo estando allá se puede percibir y apreciar.

Tres años más tarde me casé con Farút, también del pueblo y decidimos vivir allá y empezar una vida juntos, llena de sueños y de ilusiones. Sueños e ilusiones que poco después serían destrozados de la manera más cruel.

A los tres meses de casados y todo funcionando perfecto decidimos, mi esposo y yo, tener un bebé y aun eso salió bien ya que sín ningún problema, enseguida me embaracé.

Creo que en aquél tiempo me sentía la persona más consentida por *Jesús*.

Mi *fe* era indestructible, me decía, por lo mismo era una persona feliz y me sentía la más segura del mundo, la más llena de confianza, de amor, de fe, hasta que...

Todo paracía estar bien en mi vida, todo casi perfecto y digo casi, porque bien dicen que la perfección sólo Dios la tiene; pero en mi vida, en mi mundo todo marchaba estupendamente bien, hasta que de pronto todo comenzó a cambiar...

Algunas veces oí decir que la vida es una ruleta, en donde a veces ganas pero también pierdes. A mí nunca me había tocado perder y no era algo a lo que le tuviera miedo, por ley de naturaleza sabía que no siempre se puede ganar, sólo que nunca imaginé que la "vida" que había sido tan generosa y benigna conmigo, me fuera a mostrar su lado más oscuro y doloroso, ese que de solo pensarlo te llena de miedo y terror.

El tres de noviembre de 1991, nació nuestro bebé, era realmente hermoso (aunque, ¿qué bebé no lo es para su madre?) Todos estábamos felices con él: mis padres, mis suegros, en fin, toda la familia y ya no decir de Farút y de mí.

Le pusimos por nombre Farút Yucef y descubrí que el ser madre es el sentimiento más hermoso que un ser humano puede experimentar y precisamente hasta que uno lo es, se da cuenta de ello. Nada, ¡ningún otro sentir se compara con esto! En ese momento uno se da cuenta que todo lo demás parece pequeño comparado a la emoción y sensación de ser madre.

¡De pronto ese pequeño ser se convierte en el eje y motor de tu vida! Realmente ¡ya nada es igual!

Los días empezaron a transcurrir con más alegría y felicidad que el nuevo miembro de la familia había traído con su llegada, hasta que de pronto nos dimos cuenta que algo no andaba bien con mi bebé e inesperadamente y sín poder evitarlo, todo comenzó a suceder...

Mi Primer Cita con el Dolor.

Todavía recuerdo aquel día en casa de mis padres, cuando mi mamá decidió hablar conmigo y hacerme ver o entender que algo pasaba con mi bebé.

Desde ese momento mi vida cambió, mi mundo tan maravilloso y perfecto se empezó a desplomar.

Me salí de la casa de mis padres y lloré hasta que me cansé, con la esperanza de que ese presagio que empezaba a envolver mi corazón y mi alma desapareciera.

Comencé a observar a mi bebé y me di cuenta a lo que se refería mi madre: mi bebé no hacía lo que le correspondía a su edad (seis meses). Le costaba mucho trabajo moverse de un lado a otro, no podía mantenerse sentado por sí solo, en fín, allí empezó una terrible pesadilla y un dolor que jamás se quitaría.

Empezaron las visitas y consultas con los especialistas, estudios, análisis, más estudios, hasta que por fín los doctores nos dijeron que tenía una *"pequeña atrofia en la corteza cerebral"* pero que lo único que necesitaba era terapia de rehabilitación.

Como en el pueblo donde vivíamos —Platón Sánchez— no había especialistas para esto, decidimos que mi bebé y yo nos quedaríamos en la ciudad de México donde le realizarían el chequeo y las terapias que necesitaba.

Mi esposo regresó a nuestra casa y mi suegra y mi madre se turnaban para acompañarnos. En aquel entonces, mi cuñado —hermano de Farút— vivía en la ciudad de México por lo que muy amablemente nos ofreció quedarnos en su departamento y así lo hicimos durante unos meses solamente, ya que después nos trasladamos al Puerto de Tampico, que nos quedaba mucho más cerca de mi pueblo.

Todo parecía ir desarrollándose según lo previsto; mi bebé y yo habíamos hecho una rutina de todos los días: nos levantábamos muy temprano y nos íbamos a su terapia que tardaba un par de horas y luego íbamos a un centro comercial, paseábamos un poco y llegábamos a casa, comíamos y después él dormía un buen rato y la tarde la pasábamos jugando hasta que llegaba la hora de bañarlo, cenar y dormir. Si bien es cierto que no me gustaba lo que estaba haciendo porque eso implicaba que mi bebé tenía un problema y para mí era difícil verlo "sufrir" con sus terapias, también es cierto que lo aceptaba sin cuestionarme ni pensar en lo que me estaba pasando y sintiendo, porque para mí lo más importante era ayudar a mi bebé a salir adelante con este problema. Y pensé que lo lograríamos ya que todo siguió un curso "normal", hasta que un día cuando salíamos de su terapia llegamos a casa, y mi bebé que ya contaba con un año y siete meses de edad, se durmió como siempre lo hacía, agotado tal vez por los ejercicios, pero esta vez fue diferente. Pasó el tiempo normal de su siesta y no se despertó, eso me extrañó mucho y al observarlo me di cuenta que entre una respiración y otra pasaba mucho tiempo; enseguida lo llevé con su pediatra y después todo sucedió:

Lo internaron en el hospital en terapia intensiva, comenzaron a llegar los especialistas y empezaron a hacerle una serie de estudios y a hacer junta entre ellos, para después, el neurólogo decirme que, de acuerdo a los estudios realizados el bebé, mi bebé, tenía "algo" en la cabeza, en su cerebro, que no sabían bien lo que era, pero que tenían la seguridad de que no era un tumor ni nada que se pudiera operar, pero que se encontraba en donde tenemos el "control" de la respiración y esto era lo que le impedía a él respirar por sí solo. Que ellos no podían hacer nada al respecto. Todavía hoy recuerdo y siento el impacto que esas palabras provocaron en mí. No dije nada, sólo lo miré, a lo que el doctor respondió poniendo su mano en mi hombro, haciendo una mueca que quiso ser una sonrisa y mirándome con tristeza. No hubo necesidad de decir más.

A pesar de los pronósticos ya dichos, los doctores siguieron realizando más estudios y se reunían entre ellos, tratando de encontrar algo que pudiera ayudar a mi bebé. En la salita del hospital, contigua al cuarto de cuidados intensivos habíamos varias personas, familias, amigos que nos acompañaban en aquellos difíciles momentos, pero también había familia y amigos de los demás pacientes internados.

Con el pasar de las horas y de los días nos conocimos y compartimos también, angustia y dolor; aprendimos a orar juntos y a alegrarnos si el doctor decía algo favorable de alguno de los pacientes o a llorar juntos si las cosas se complicaban.

Así conocí a Maryté y Enrique seres maravillosos, al igual que sus hijas y familia que se encontraban en el hospital por el papá de Maryté que había sido internado de emergencia. Con ellos compartíamos pensamientos, tristezas, sentimientos, lágrimas...

Orábamos juntos, con fuerza, con fe pero aun así once días después, mi bebé, mi Farút Yucef murió. No hubo un sólo día, desde que mi bebé entró al hospital, que yo no rezara y le suplicara a mi amigo *Jesús* para que le devolviera la salud a mi hijo.

"No pasará nada" —me decía a mí misma— "Jesús siempre me ha concedido todo y sabe lo importante que es él para mí, no pasará nada..." Pero pasó y ahí, en ese instante aprendí que la *fe* no es esperar que *Jesús* siempre te conceda lo que le pides; que aveces lo que uno quiere y pide es muy distinto a lo que nuestro creador tiene pensado o destinado para nosotros.

Entonces, en esos momentos surge ese grito del alma, que hace que todo tu ser y toda tu existencia se estremezca y tambalee y lo que antes era confianza y seguridad se conviertan en confusión y desesperación y sín poder ni querer contenerla, el alma se desgarra, grita, pregunta una y otra vez:

¿Por qué? ¡¿Por qué?! ¡¿Por qué murió mi hijo?!

¿Por qué?, una simple pregunta pero que no encuentra respuesta, por lo menos no una que mitigue un poco aquel inmesurable dolor y que ayude a restaurar el alma hecha pedazos, desgarrada y perdida, tal vez, para siempre.

Se busca una respuesta con dolor, con rabia, con confusión y al no encontrarla, al mismo tiempo que tu mundo se acaba, pierde su sentido y brillo, se entra a otro mundo lleno de la más completa, absurda obscuridad y desolación.

Ahí estuve los siguientes dos años de mi vida, viviendo en la obscuridad y en una absurda "realidad", me quedé como suspendida en el tiempo. De pronto, el alma se te entume o se te pierde; no sientes, no piensas. Es como si ya no tuvieras sensaciones, como si ya no tuvieras nada y efectivamente compruebas que eres eso: "nada".

Empecé a caer en un pozo profundo y oscuro, donde se pierde la noción del día o de la noche, de la realidad o el sueño; no comía, no dormía, empezaron a darme ataques de pánico y de repente ya no sabes si estas viva o muerta.

Mi esposo se refugió en su negocio y yo me encerré en mi habitación y junto con eso, me cerré también a la vida.

Y de pronto dejas de ser tú y empieza uno a caminar un sendero, donde los únicos sentimientos que te acompañan son el dolor, la amargura, la angustia, el miedo y la confusión. Y muy dentro de tí, también tienes, sín querer reconocerlo, asombro e incredulidad infinita porque permitieron que te pasara todo esto.

Nunca lo reclamé abiertamente, ni siquiera me permití pensarlo, pero sé que muy dentro de mí me sentía profundamente dolida y herida por aquél a quien yo llamaba mi *mejor amigo*, por aquél que siempre me había complacido en todo sín ningún reparo y que hoy, precisamente hoy cuando más necesitaba de esa complacencia me hubiera fallado en mi ruego. No lo entendía, a decir verdad aún ahora sigo sín entender.

Mi ser entero se hizo añicos y no quedó nada de mí. Acababa de conocer y experimentar el dolor más grande que un ser humano puede sentir: La muerte de un hijo.

Pero el engrane de la vida no se detiene por mucho que uno sufra. Así que aún sin proponérmelo o quererlo, aprendí a seguir viviendo, aprendí a vivir con el dolor.

Fueron tiempos duros y muy difíciles; días que no terminaban, sumida en la confusión y padeciendo mucho dolor; días en los que no sólo me sentía perdida sino que realmente me encontraba perdida, desorientada y desubicada totalmente.

Me preguntaba una y otra vez qué había sucedido y por qué; ¿por qué la vida de pronto se vuelve tan hostil y cruel con un ser humano? ¿La vida...?

Dejando las hojas a un lado, me levanté, me acerqué a mi bebé y le di un beso en su mejilla. Aspiré profundo, llenándome con su olor. ¡Dios! De nuevo el vuelco en el corazón. Sin pensarlo me dirigí al baño que estaba en el mismo cuarto y me lavé la cara una y otra vez, con frenesí sin percibir siquiera la frialdad del agua, creo que mi cuerpo había perdido todo calor.

Me asomé y vi que Grace venía hacía mí, de prisa.

—Váyase a comer. Sí, yo ya lo hice —me dijo, antes de que yo siquiera formulara la pregunta—. Yo voy a estar aquí con José, váyase, ¡váyase! —me apuró, con un ademán y un gesto de dulzura.

Dándole las gracias tomé mi bolso y me dirigí hacia la planta baja, para cruzar al otro edificio donde se encontraba el restaurant. Caminaba, mirando sin ver los pasillos, los cuadros que colgaban de las paredes, las personas que iban y venían, algunas con el uniforme del hospital, otros con la bata blanca que caracterizaba a los doctores, otros más, vestidos con ropas común y corriente, al igual que yo. Algunos sonrientes, otros apurados o indiferentes o con una marcada desolación y dolor en sus rostros. Yo, la verdad no sé que aspecto tenía o demostraba a los demás, sólo sé que no sentía nada, estaba bloqueada o acabada...

Pedí para comer una pasta con crema y pollo. Me comí sólo la mitad, el resto lo guardaría para la cena. Me encaminé de nuevo hacía el pasillo, al elevador y cuando me disponía a apretar el botón para el piso 7, de cuidados progresivos —que era donde se encontraba el cuarto de mi José Naím—, alguna de las pocas personas que iban también en el elevador, oprimió el botón con el número 3. Di un suspiro y pensé que sería buena idea ir al piso tres.

Si bien era cierto que en el piso tres estaba la Unidad de Cuidados Intensivos (ICU), que fue donde todo esto, toda esta pesadilla de dolor y angustia comenzó, y que había dado un giro completamente radical a nuestras vidas, poniendo nuestro mundo literalmente de cabeza y fuera de toda base; también en ese mismo piso se encontraba una capilla a la cual podíamos ir en cualquier momento a cualquier hora y yo ya había tomado la costumbre de hacerlo casi a diario. Al principio rezaba sín cesar, repetía una y otra vez todas las oraciones aprendidas a través de los años y las nuevas que se me ofrecían por medio de otras madres, otras personas desesperadas y afligidas que al igual que yo buscabámos ayuda, consuelo, un milagro que permitiera que todo aquello acabara lo más pronto posible y de la mejor manera posible.

Aquí estaba, observando esta pequeña capilla una vez más. Se encontraba casi en penumbra, sus cambios de luz muy tenue, silencio total, invitaba a la paz, a la calma, a esa tranquilidad tan ansiada, tan buscada, tan necesitada... A mi mente llegaron, sin pedirlos, los recuerdos de aquellos primeros días en aquel Hospital. Pero en esta ocasión recordé cuando conocí a un doctor especialista en genética.

Recuerdo muy bien, cuando entró aquella mañana, a nuestro cuarto, yo tenía entre mis brazos a mi bebé, él se sentó a mi lado y después de explicarme los estudios que había solicitado me dijo:

—Le prometo señora que haré todo lo que esté de mi parte para tratar de saber lo que pasa con su hijo y en cualquier cosa que pueda ayudarla no dude en hablarme —cuando me dijo aquéllas palabras, recuerdo haber sentido una sensación de paz y confianza.

No lo había vuelto a ver. Aunque a mi hijo le seguían practicando estudios de genética, era una doctora la encargada de ellos.

Recorrí con la mirada la capilla, en realidad ni siquiera veía nada; creo que ya me sabía de memoria cada centímetro de aquel lugar; debo reconocerlo: era acogedor e invitaba a la paz, a la serenidad y de pronto apareció en mis pensamientos la imagen de Lucía. La conocí también en ICU y por extraño que parezca, había tanta similitud entre ella y yo.

Su vida y la mía casi parecían una copia. Teníamos la misma edad, habíamos nacido en el mismo mes y año, llevábamos casi el mismo tiempo de casadas y ella, al igual que yo también había perdido a su primer bebé, tuvo dos hijas sanas después —al igual que yo— y por último tuvo otra hija, Alexandra, la más pequeña que estaba presentando los mismos problemas genéticos de su hermano mayor y desgraciadamente el pronóstico era igual de devastador que para el primero. Nos empezamos a llevar y a pasar tiempo juntas, platicábamos mucho y nos dimos cuenta que pensábamos y sentíamos de manera muy similar. Una sonrisa cruzó mi rostro al recordar lo que ella me había dicho una noche antes:

—Casi espero con ansiedad el momento en que la veré de nuevo. Cuando estoy con ella se me olvida todo, siento paz, tranquilidad. se me olvida todo este dolor y angustia que sentimos aquí —se llevó sus manos hacia el pecho; yo la entendía perfectamente ya que al igual que ella, desde que todo esto comenzó, sentía una opresión en el pecho que aveces no me dejaba ni respirar.

—No te preocupes más, si verla y platicar con ella te hace sentir bién, adelante, no te sientas mal, no tiene nada de malo sentir un poco de paz en medio de todo esto. Lo estamos pidiendo a gritos y bajar la guardia aunque sea un momento ¡debe ser bueno! —le dije y le sonreí.

Aspiré profundamente, lo más que pude, como si quisiera llevarme conmigo esa paz y esa calma que se sentía estando ahí. Me había hecho bien este descanso en la capilla, pero ya era tiempo de volver al cuarto, así que hice a un lado los recuerdos y me encaminé hacia los elevadores.

—Ninguna novedad. —Me dijo Grace en el momento que me vio entrar. Se encontraba dándole de comer a mi José Naim, por medio de un botón que le habían hecho en el estómago para ese fin.

—¿No ha venido ningún doctor? —pregunté, sólo por hacerlo, ya que si así hubiera sido ella me lo habría informado nada más entrar.

—No —me dijo y sonrió—. ¿Todo bien? —preguntó, con su característica sonrisa y voz dulce.

—Todo bien, gracias. —le respondí. Me acerqué a mi hijo y le di un beso en su frente para apartarme de él lo más rápido posible, era cruel hacer esto, lo sabía, pero era la única forma que me permitía seguir en pie y a su lado, no podía darme el lujo de flaquear y derrumbarme en estos momentos.

Fui hacia la ventana y observé por un breve momento el exterior, todo lucía igual, por lo menos para mí, todo parecía igual, así que sin dar mayor importancia a lo que afuera pudiera estar sucediendo, tomé las hojas de nuevo y continué con mis escritos, con mis recuerdos...

¿De nuevo el Sol?

Como ya dije antes, después de la pérdida de mi primer hijo Farút Yucef, mi vida se había covertido en un sendero lleno de dolor y obscuridad donde nada parecía tener sentido. Pero debemos saber, que aunque no entendámos a nuestro Creador, el curso de la vida y lo que él nos tiene reservado, continúa.

Ahora, observando un poco todo lo que pasó con mi hijo, debí haber adivinado que algo "especial" pasaría con él.

Recuerdo que cuando estaba embarazada, ya era común para mí que señoras e incluso jovencitas me detuvieran en la calle y me pidieran permiso para tocar mi enorme vientre, pero lo raro o poco común no era eso, sino que también señores lo hicieran; mi esposo y yo sólo nos mirábamos sorprendidos y sonreíamos. Incluso "eso" continuó aún después de nacido mi bebé, ya que cuando lo traía conmigo en brazos, igual me detenían en la calle y me pedían permiso para tocarlo o cargarlo si se los permitía.

Sí, realmente era "especial" como también lo era todo lo que estábamos sintiendo. Era un dolor tan grande y tan profundo, que sentía me ahogaba y no cabía dentro de mí.

Todavía recuerdo aquél día en que presa de la desesperación, el dolor y la locura ante la pérdida de mi hijo, me encaminé a casa de mis padres y al llegar ahí, le dije a mi mamá:

—Por favor, sácame de aquí, necesito ayuda; ni siquiera sé si realmente te lo estoy pidiendo o no; ya no sé distinguir entre la realidad y lo que no lo es; no sé si en este momento estoy soñando o imaginando, pero si realmente estoy hablando contigo, por favor ayúdame, ¡necesito ayuda...!

Así lo hizo y sín esperar más mi madre me llevó a la ciudad de México de nuevo, pero esta vez para ver a una psicoanalista llamada Raquel, para que me ayudara y me enseñara cómo poder *seguir adelante*.

—No te voy a dar medicamentos para "ayudarte" —me dijo— de esto tienes que salir sola, ¡tú puedes y lo vas a lograr!

Fueron meses de ir y venir a México, meses de incertidumbre, meses de buscar aunque sea una pequeña luz en medio de tanta obscuridad; meses, días, horas y minutos de luchar conmigo misma hasta que me sentí lo suficientemente fuerte para poder seguir sola con la vida.

Dos años después, llegó a nuestra vida una hermosa niña a quien pusimos por nombre Tahani. Esperada y necesitada por todos. En ella volcamos todo ese amor que se quedó contenido en nosotros y aunque un hijo jamás suple a otro, Tahani llenó de nuevas ilusiones y esperanzas nuestras vidas.

A ella le siguió dos años después, Samira; otro ser hermoso que vino a reafirmar nuestras recien encontradas esperanzas e ilusiones.

Las dos son el Sol que iluminan nuestra vida entera y la llenan de calor y amor.

Así comenzó una etapa tranquila en mi vida, llena de anhelos y hermosos sentimientos provocados por estas dos personitas que Dios nos envió como hijas.

Transcurrieron seis años más de nuestra vida, en la que había, si no una completa felicidad —por el recuerdo y el dolor inborrable de nuestro primer hijo— sí había una paz y tranquilidad que hacían de nuestra vida, algo hermoso y deseable.

Pero la vida de nuevo nos tenía en la mira y con ello también nos tenía reservadas inesperadas y desgarradoras sorpresas.

En agosto del 2002, sín pensarlo ni planearlo y después de haber llegado de unas vacaciones en familia, me llegó la noticia de que estaba embarazada; decir que me sorprendí es poco ya que mi reacción al enterarme fue llorar y decir que no era posible.

Lloré con tanta desesperación que no me alcanzará la vida para sentir verguenza y pedir perdón por esa reacción.

Ahora sé, que tal vez mi alma y mi corazón presentían lo que se avecinaba .

Nueve meses después y sín ningún problema nació mi *José Naím*.

Sobra decir todo lo que significó su nacimiento, no sólo por mí y para mí, sino para toda la familia y todos aquellos que nos conocían.

Mi vida, mi mundo volvió a girar y se llenó de nuevo de esa luz que le da color a las cosas y calor a los sentimientos, que cubre tus sentidos de excitación y alegría llenando tu ser de paz y armonía.

En el mismo momento que tuve a mi bebé en mis brazos, me di cuenta que el dolor y amargura que venía arrastrando desde hacía años, había desaparecido en ese instante y al mismo tiempo sentí que me reconciliaba con la vida.

La deuda se pagaba, *la vida* me regresaba lo que años atrás me había quitado. De nuevo me volví a sentir *apapachada* por nuestro Dios y mi amigo *Jesús*.

Y es que además de darme un hijo varón, José Naím era físicamente idéntico a su hermano, sólo que el parecido iba más allá de lo físico y de lo esperado o deseado...

Los siguientes nueve meses fueron los más felices de mi vida. De nuevo lo tenía todo; un matrimonio estable, una familia feliz, salud, vida, estabilidad económica, y me encontraba llena, llena de ilusiones, de sueños, de confianza de nuevo en la vida y además, ¡después de tanto tiempo, mi corazón ya no dolía!

José Naím, mi *"amorcito corazón"*, como lo empecé a llamar desde que nació, siguió su desarrollo de manera normal; a diferencia de su hermano, a los seis meses ya hacía todo lo que corresponde a un bebé de esa edad y más. Ya que él, a los tres meses empezó a voltearse para todos lados, a los cinco se paraba y se sostenía en el corral. Era muy vivaz y alegre y me entregué totalmente a él. Aprendí nuevamente a reir no sólo con él, sino también con los demás y aprendí nuevamente a gozar y disfrutar de la vida otra vez. La sonrisa, la alegría, la felicidad regresaban a mi rostro, a mi vida, a mi alma.

José Naím trajo consigo una luz y una misión muy especial a nuestras vidas que en ese momento estábamos muy lejos de percibir o imaginar. Había pensado que mi vida, nuestras vidas, seguirían de ahí en adelante sólo este sendero de felicidad que gozábamos en ese momento.

¡Qué equivocada estaba! Nada más alejado de la realidad que se nos venía encima.

Pero bien dicen que las cosas no son eternas y la felicidad no podía ser la excepción.

Pronto volvería el dolor a nuestras vidas y con más fuerza que nunca; ¡un dolor que sólo Dios sabe cuándo terminará!

Después de esos nueve meses de dicha y paz las cosas comenzaron a cambiar, sín imaginarnos siquiera la avalancha de sucesos y fatalidades que empezaban a rodar hacia nosotros y nos llenaría no sólo de desdicha, asombro, desconsuelo y confusión de nuevo, sino también de un dolor inmesurable e inimaginable aun.

José Naím, empezó a tener problemas, aparentemente, de peso. Junto con esto, empezó también de nuevo, mi peregrinar con los doctores y los estudios, que me llevaron otra vez a la ciudad de México, con mi primo Gabriel, especialista en neonatología en uno de los mejores hospitales de la ciudad, con quien estoy muy agradecida por todo el apoyo y ayuda que nos brindó.

Gabriel, además, nos conectó o relacionó con los especialistas que mi bebé tenía que ver.

La angustia y la ansiedad de nuevo se apoderaron de nosotros mientras esperábamos los resultados de los estudios y el diagnóstico de los especialistas.

Albergábamos la esperanza que todo pasaría, que toda esta pesadilla que empezaba terminaría pronto, sín imaginar siquiera que sólo nos encontrábamos en el umbral del dolor; en la orilla de un precipicio tan profundo y oscuro del que tal vez no podríamos regresar.

—Es una disgenesia temporal ipsilateral derecha —nos dijo el doctor, que en términos comunes y corriente, equivalía a que "algo" estaba sucediendo en el cerebro de mi bebé y no sabían qué era o cómo evolucionaría.

Mi esposo, en medio del asombro y aturdimiento que estábamos sintiendo, alcanzó a preguntar:

—Doctor, ¿no va a sucederle lo mismo que a nuestro primer hijo, verdad? —más que una pregunta era una súplica que acallara nuestro miedo, que iba en aumento.

El doctor nos miró brevemente, evaluándonos con rapidez, para después decirnos, de la manera más impersonal que le pudiera salir la voz:

—No lo sé. Tal vez sí.—Su mirada pretendía ser indiferente pero logré percibir tristeza.

En ese momento, mi corazón, que no había dejado de latir intensamente, creí que se paralizaba y al mismo tiempo me sentí arrastrada diez años atrás, con la misma sensación de bruma alrededor nuestro, de creer que esto no era real, que todo era un sueño y de que uno no es nada.

Presentí de nuevo el mundo sobre mí. "Esto no puede ser verdad", "Esto no está pasando", me lo repetía una y otra vez, tratando de convencerme a mí misma, para ver si así despertaba de esa pesadilla y me encontraba de nuevo con la felicidad y la alegría que habíamos experimentado meses atrás y que en ese momento nos estaban arrancando de manera tan cruel e inesperada.

Oí que una voz le preguntaba al doctor qué se podía hacer y al ir escuchando su respuesta me di cuenta que esa voz había salido de mí. Cómo, no lo sé, porque yo seguía estupefacta ante lo que estaba sucediendo.

Lo que siguió después fueron estudios más estudios para nuestro José Naím,¡días interminables de consultas, de laboratorios, de agonía, de súplicas...!

Estudios que yo le enviaba a mi hermana Maury que vive en Hosuton, Texas y que ella a su vez se los mostraba al doctor de sus hijos.

En una ocasión hablando por teléfono con ella, me dijo:

—¿Por qué no aprovechas algunas vacaciones escolares de tus hijas y vienen a pasear acá y de una vez que chequen al niño los especialistas?

Esta idea nos pareció muy buena a mi esposo y a mí, así que sín pensarlo dos veces, empezamos a realizar los trámites para los pasaportes y las visas.

Mientras tanto seguimos con lo aconsejado por los especialistas en México y esto era, que mi bebé necesitaba terapia de rehabilitación para fortalecer sus músculos ya que estaba desarrollando hipotonía (flacidez de los músculos). Para darle seguimiento a esto, empecé a llevarlo con un doctor en esa ciudad que daba *terapia Vojta* (llamada así en honor al doctor que la inventó).

Esto lo hacía una semana al mes. Era un semana intensiva de terapia de rehabilitación; después de esta, regresábamos al pueblo y lo alternaba con otra rehabilitación que le daban en el Puerto de Tampico, al cual Josecito y yo nos íbamos los domingos en la tarde y regresabámos los viernes por la noche. Mis hijas se quedaban en la casa con mi esposo y mi nana Malena, que vivía conmigo. A mí me acompañaba Raquel, una joven que trabajaba conmigo y que me ayudaba con mi José Naím. Blanca, mi amiga de siempre y Maryté la madrina de Bautizo de Josecito que vivían en Tampico también estaban muy pendientes de mí ayudándome literalmente en todo: Maryté pasaba por Josecito y por mí a las siete de la mañana cada día para llevarme al centro de rehabilitación y me recogía puntual a la hora de salida entre las dos y tres de la tarde y Blanca llegaba en la tarde a estar conmigo y llevarme comida, las dos se encargaban de ver que estuviéramos bien y de llevarnos a cualquier lugar que necesitara ir y de hacerme sentir que contaba con apoyo, que estaban conmigo.

Mi vida había vuelto a girar, pero yo trataba de no pensar en ello, ya que lo más importante era la salud y recuperación de nuestro bebé y por lo tanto toda nuestra atención estaba enfocada hacia él. Ya habría tiempo para desesperarse y llorar, sólo que ahora no era el momento. Todo lo contrario, ahora era el momento de organizarse, actuar y sobre todo ¡era el momento de orar!

En una de nuestras idas a la ciudad de México, mientras yo íba a recoger el resultado de unos estudios realizados a José Naím y mientras él se quedaba con mi madre en casa de mi primo Mario (ya que era ahí donde nos quedábamos cuando llegábamos a la capital) me pasó algo curioso, tomé un taxi al salir del hospital para ir de regreso a casa de mi primo y el taxista debió verme tan deprimida o triste que me preguntó:

—¿Qué le pasa señora? —me miró por el espejo retrovisor. Era un joven de voz amable.

—No puedo creer todavía lo que me está pasando. —Contesté sín pensarlo mucho.

—¿Está enferma? —insistió él.

—No, pero es peor que si lo estuviera yo —lo miré— es mi bebé. Las lágrimas no esperaron más para empezar a rodar una tras otra por mi cara.

—¿Está su bebé internado aquí?

—No —respondí—. Sólo vine a recoger unos estudios que le hicieron.

—¿Qué le pasa? ¿Qué tiene? —preguntó, con su voz amable.

—Ese es el problema, ¡que los doctores no saben lo que tiene! —Sín más, comencé a contarle lo que nos estaba sucediendo con nuestro bebé.

El taxista me escuchó callado y atento y cuando yo terminé de hablar me dijo lo siguiente:

—Yo no hace mucho que me casé. Lo hice y muy enamorado y como era lógico mi esposa y yo decidimos encargar un bebé. Pero pasó el tiempo y mi esposa no se embarazaba. Empezamos a consultar doctores y nos hicieron estudios a los dos, aparentemente no había una razón que impidiera a mi esposa quedar embarazada, sín embargo esto no sucedía. La relación con mi esposa se fue deteriorando, yo empecé a renegar de Dios y a decirle cómo era posible que me hiciera, que nos hiciera esto. Así, en ese estado de emociones y de pensamientos estaba, hasta que un día me hizo la parada, para subirse a mi taxi, una viejita. Se sentó, al igual que usted, allá atrás. De repente me dijo:

—Tú estas enojado y triste, ¿verdad?

Yo miré sorprendido a la viejita y le dije que sí, que sí estaba muy molesto y triste.

—¿Porque no puedes tener hijos...? —Me preguntó de nuevo la señora.

Esta vez me sorprendí tanto, que volteé a verla y todavía recuerdo cómo me recorrió un escalofrío por todo el cuerpo. Puedo decir que hasta miedo sentí. Sín embargo seguí platicando con la ancianita.

—Es que no es justo, señora, mi esposa y yo hemos tratado por todos los medios de tener un bebé y no lo hemos logrado, sín embargo, mire cuántas mujeres hay que los abortan o los regalan o simplemente los abandonan en cualquier lugar, ¡no sé por qué Dios es tan injusto! Terminé diciendo —me dijo el taxista—. A lo que la ancianita respondió.

—¿Crees en Dios?

—Claro que sí, pero mire, ¡ya ve lo que nos está pasando!

—Pues bien, muchacho —respondió la viejita—: Háblale a Dios nuestro creador o a Jesus Cristo ¡como me estás hablando a mí! ¡Dile así, con esas mismas palabras, lo que sientes, lo que piensas! El vino a enseñarnos el amor y el poder de Dios, ¡al igual que su bondad y misericordia! —Seguido a esto, la viejita me dio una estampita con la imagen de nuestro señor Jesúscristo. Esa tarde, al llegar a la casa, puse la estampita bajo la almohada de mi esposa y hoy, señora, —volteó a mirarme—, tengo un bebé maravilloso, grande, hermoso y ¡no tiene idea lo feliz que estamos!

—Qué bueno —le dije—, de verdad me da mucho gusto —le sonreí.

En esos momentos llegamos a la casa de mi primo, donde me esperaba mi mamá con mi Josecito. Antes de que me bajara, el taxista me dijo:

—Señora...

—Dígame —le contesté.

El joven sacó algo de la guantera del carro y ofreciéndomelo, dijo:

—Tenga, es para usted. Es la estampita que me dio la viejita. Yo ya no la necesito; ya me ayudó a mí. Ahora la necesita usted y su bebé.

Nos miramos por largo momento, sin decir nada. Sé que no hacían falta las palabras.

Tomé la estampita de Nuestro Señor Jesúscristo con manos temblorosas y lágrimas en los ojos. Me bajé del auto y murmurándole un "gracias" me despedí. Antes de que se fuera le pregunté:

—Disculpa, ¿puedes darme tu nombre?

—José, mi nombre es José Vasconcelos —me respondió, con una sonrisa y se fue.

"José" —suspiré—, el mismo nombre que el de mi bebé. ¿Será coincidencia?

A partir de ese día, la estampita de Jesúscristo siempre estuvo bajo la almohada de mi José Naím y nos acompañaba a donde quiera que fuéramos.

Con la esperanza de que al igual que ocurrió con José y su familia, ¡también *mi Jesús* respondiera a mis ruegos!

Empezamos a planear el viaje a los Estados Unidos, en medio de dudas, miedos y emociones indefinidas pero eso sí, con la esperanza de que algo bueno sucedería y de que todo era para bien.

Esta idea hizo, tal vez, menos difícil y doloroso el momento de la despedida; de hecho, me imagino que era tan doloroso, que mis suegros ni siquiera tuvieron el valor de despedirnos.

Mis padres nos acompañaron e hicieron el viaje con nosotros hasta la ciudad de Houston, Texas. Mi nana se quedaba sola, viviendo en nuestra casa y de mis amigos, ya me había despedido unos días antes. Todos se lamentaban por el viaje que estábamos haciendo, ya que todos conocían el motivo: que mi bebé no se encontraba bien, pero todos, al igual que yo, tenían la esperanza de que mi bebé recuperaría la salud y se pondría bien.

—Pero bueno, ¡esto no es una despedida para siempre! —dijo alguien—. Son sólo unas vacaciones.

Al tiempo que escuchaba estas palabras y miraba sín ver, un frío invadió mi alma, presintiéndo, tal vez, los acontecimientos que sín tregua, comenzaríana golpear y desbaratar nuestras vidas.

Mis hijas estaban emocionadas, siempre lo estaban cuando, sín falta, cada fín de año escolar planeábamos y realizábamos hermosas vacaciones en familia.

Estaban felices de ver que este año no sería la excepción, a pesar de que el verano ya había pasado; además, ellas todavía no alcanzaban a comprender la intensidad de lo que estaba ocurriendo.

Pues bien, sín más, el 15 de septiembre del 2004, llegamos a Houston casi al atardecer, a la casa de mi hermana Maury, que ya nos esperaba junto con sus tres hijos: Jaime, David y Luis y su esposo Juan. Todos estábamos emocionados platicando del viaje y haciendo planes para esas "vacaciones". Emoción, que por cierto, duraría muy poco, ya que al día siguiente de nuestra llegada José Naím repitió un patrón de conducta que había empezado a desarrollar unos días antes en México: comenzaba a llorar, sín razón aparente, pero cuando comenzaba a hacerlo, detenía el llanto y se quedaba colapsado, pasmado, sín respirar, aveces hasta ponerse azul. Cuando esto sucedía, yo me desesperaba en extremo y lo sacudía al mismo tiempo que corría hacia algun doctor. De repente el volvía en sí y era como si no hubiera pasado nada. Pero sí estaba sucediendo y era algo que cada vez era más frecuente.

Asi que, con sólo unas horas en Houston, mi bebé volvió a colapsarse cuando empezaba a llorar; mi hermana de inmediato llamó al 911 y nos llevaron a la sala de emergencias del hospital de niños, donde de immediato lo atendieron y a pesar de que nos dijeron que mi bebé estaba bien, se dieron cuenta que algo en él pasaba.

Recuerdo bien que nos trasladaron a un cuarto del piso diez, ya muy tarde por la noche. Ahí nos quedamos mi madre y yo con mi bebé; mis hijas se quedaron en casa de mi hermana con mi esposo, mi padre y mi hermana. Al otro día, muy temprano empezaron a llegar los especialistas que empezaron a revisar y valorar a mi bebé, al mismo tiempo que ordenaban diferentes estudios para hacerle.

Empezó el ir y venir de personas, enfermeros, doctores, especialistas, personal de diferentes áreas del hospital, muy profesionales, algunos muy amables y educados, otros no tanto, pero yo los miraba sín ver, abrumada por todo lo que estaba sucediendo y sín imaginar, que al cruzar unas miradas o palabras con ellos, con estos desconocidos para mí por ahora, después serían parte de mi vida, incluso algunos serían parte de mis emociones y sentimientos.

Es verdad que en ese momento yo ni sospechaba el tumulto de acontecimientos dolorosos que se estaban tejiendo y desprendiendo alrededor nuestro, pero también es cierto que a la par se estaban congregando personas que serían como la extensión del brazo de Nuestro Señor y la manera de *mi JESÚSCRISTO* de decirme aquí estoy.

Salimos ocho días después del hospital, sín ninguna respuesta concreta a nuestras preguntas de qué era lo que le sucedía a mi bebé, ya que muchos de los estudios relizados, todavía no tenían resultado; algunos incluso, nos dijeron que tardarían un poco más de un mes en tener los resultados, los de genética, sobre todo. Mis padres se regresaron a nuestro pueblo dos días después de nuestra salida.

Bueno, pues ya una vez estando de nuevo en casa de mi hermana, nos dispusimos a esperar y recuperar esos días en el hospital y volvimos a hacer planes, que quedaron nuevamente en eso.

Una noche, un poco después de que mis padres se habían marchado, sonó el teléfono casi de madrugada. Era una llamada de México, de nuestro pueblo; cuando tomé el teléfono que mi hermana me pasó y contesté medio dormida, creí que seguía soñando al escuchar la voz de mi cuñado Tony (hermano de mi esposo) quebrada por el llanto, comunicándome que mi suegro —Don José, acababa de morir.

—No es verdad... —alcancé a decir, al mismo tiempo que sentía me quedaba paralizada por la noticia.

—¡Pásame a Farút, por favor! —me pidió.

Casi de manera automática me moví y fui hacia el cuarto donde se encontraban durmiendo mi esposo, mis hijas y mi bebé. Desperté a mi esposo y le di el teléfono. El lo tomó mirándome extrañado y como preguntádome qué pasaba. No me atreví a decirle nada.

Tampoco él daba crédito a aquella noticia: se quedó sín habla, mirando sín ver, mientras las lágrimas y el dolor se apoderaban de él. Tahani, de repente salió del cuarto y enseguida se dio cuenta de lo que pasaba y comenzó a llorar. Yo traté de calmarla un poco, pero la verdad, ¿cómo puede uno calmar a alguien más, cuando uno mismo es un remolino de emociones?

Pasados unos minutos, empezamos hacer las maletas de nuevo. Desperté a Samira y preparé lo necesario e indispensable para mi bebé.

—Tú no te vayas—me aconsejó mi hermana—, recuerda que todavía estan pendientes los resultados del niño y tal vez más estudios.

—Lo sé—contesté—, pero tengo que ir. Es mi suegro y además también lo quiero.

—Tu hermana tiene razón —me dijo mi esposo— quédate para esperar los resultados del niño. Luego regreso yo.

—¡Ni lo digas! sé que si la situación fuera al revés, tú me acompañarías. Luego regresamos por y para todo lo que se tenga que hacer con el niño.

—A tí —le dije a mi hermana—, te pido, por favor, estés pendiente de los resultados y cualquier cosa, por favor, llámame en seguida. Mi hermana y cuñado nos llevaron hasta la frontera y allí tomamos un autobús hacia Tampico donde ya nos estaban esperando para llevarnos a casa.

Llegamos a nuestro pueblo, llegada la noche. La muerte tan repentina e inesperada de mi suegro nos causó dolor y asombro. Fue un hombre bueno, de nobles sentimientos; excelente padre y abuelo.

—Esto no puede estar pasando —dijo una vez más mi esposo, en medio del funeral. Yo traté de darle palabras de consuelo, pero estaba yo misma, muy lejos de sentirlo y en vez de apoyarlo, me desplomé.

Empecé a sentirme mal; me hacía falta el aire, el corazón se me aceleró, comencé a sudar frío y me entumí.

Mi papá y unos amigos muy queridos (Nina y Tavo que son también padrinos de José Naím) me auxiliaron y me llevaron al doctor, quien después de checarme me hizo tomar una pastilla para tranquilizarme.

—La necesitas —me dijo—, ya es demasiada presión la que ustedes traen.

A pesar de que soy reacia a tomar cualquier tipo de medicamento, esta vez hice caso y me la tomé sín dudarlo y admito que me ayudó bastante, ya que me sentí tranquila en medio de tanta confusión.

Continuamos en el pueblo con nuestra vida normal o por lo menos eso intentábamos, ya que la ausencia de mi suegro es un hueco muy difícil de llenar; aún ahora que me encuentro escribiendo esto y que ya ha pasado tiempo de su partida, hace falta su presencia y su buen espíritu.

Mis hijas regresaron de nuevo a la escuela, mi esposo en su negocio y yo acallando mis miedos y tratando de disfrutar el placer de tener a mis hijos, rogando a nuestro Dios porque pronto mi hermana nos diera buenas noticias.

Se llegaron la siguientes vacaciones en la escuela, las de Todos Santos, en el mes de noviembre, mismas que decidimos aprovechar para volver a viajar a la ciudad de Houston y ver qué sucedía con esos resultados.

Recuerdo que veníamos en el avión, hacia acá y mi esposo venía sumido totalmente en el silencio. Sólo una vez, mirándome con la tristeza reflejada en su rostro, me dijo:

—Siento como si todo esto no fuera real.

Yo traté de sonreírle y aunque también experimentaba la misma sensación, le dije:

—Dicen que cuando más oscuro está es porque pronto va a amanecer...

Sólo que yo no podía adivinar que ese 'próximo amanecer' sería aún más oscuro que la noche misma...

Dejé de escribir, creo que por hoy era suficiente. Me recosté en el sofá y encendí la televisión tratando de poner atención a lo que en ella estaban pasando, pero no fue posible, mi mente no me hacía caso, estaba "desbocada", los pensamientos, los recuerdos, las ideas se agolpaban dentro de mí sín control ni tregua alguna.

Los doctores habían venido como lo hacían todos los días en su rutina: una vez en la mañana y otra por la tarde, —si no ocurría alguna emergencia— y después entregaban el turno a los doctores que estarían en la noche.

Ya conocía a varios de ellos al igual que a las enfermeras que cuidaban a mi José, ya tenía más de un mes en el hospital.

Me levanté y decidí ir a traer una taza de café en la salita que se encontraba para los visitantes. Me propuse recordar decirle a Farút que cuando viniera a visitarnos me trajera una cajita de té, era mejor para mí. Mi esposo y mis hijas venían los fines de semana a estar con Josecito y conmigo; las niñas ya iban a una escuela para continuar con sus estudios.

El tiempo que llevo aquí me ha dado la oportunidad de conocer y convivir con madres, padres, familias enteras que estan pasando por una situación parecida a la mía, compartimos el mismo dolor, la misma angustia y desesperación.

Sín poder evitarlo, recordé a Isabel y Carlos, ¿cómo estarán, qué harán después de todo lo sucedido...? Una sensación de tristeza infinita me invadió. Agité un poco la cabeza y casi de manera automática, tomé mis escritos y continué escribiendo; escribiendo y recordando...

¿Dónde estás?

Llegamos a Houston casi al anochecer y fue precisamente ahí, cuando nos encontrábamos haciendo fila para pedir los permisos correspondientes en migración, que mi José Naím volvió a colapsarse y a ponerse azul.

Yo empecé a gritar pidiendo ayuda, una ayuda que nos brindó una joven que se encontraba, también haciendo fila, detrás nuestro. La joven tomó a Josecito en sus brazos, lo colocó en el piso e inmediatamente le dio respiración boca a boca.

Cuando José Naím reaccionó y nos incoorporamos del suelo, donde nos encontrábamos, vimos que estábamos rodeados por los agentes de migración que también habían acudido a auxiliarnos. De inmediato nos llevaron a una oficina y llegaron los paramédicos, quienes enseguida revisaron a mi bebé quien a pesar de tener en orden sus signos vitales insistieron en querer llevarlo al hospital. Desistieron de hacerlo cuando yo les expliqué lo que estaba ocurriendo y de los estudios que ya le estaban realizando.

No hubo más problemas, por lo menos hasta el día siguiente, cuando de nuevo Josecito volvió a colapsarse y a cambiar de color. Llegaron los del 911 a casa de mi hermana, donde nos encontrábamos y nos fuimos al hospital.

Esta vez tardamos sólo cuatro días en el que continuaron los estudios y conocí a nuevos especialistas. Aquí fue donde conocí al doctor de genética que me prometió que haría todo lo posible por saber lo que pasaba con mi hijo.

No sé si fue el modo de decirlo o tal vez el estado emocional en el que yo me encontraba, pero sus palabras fueron como un bálsamo para mis heridas. Heridas que lejos de cerrar, estaban por abrirse aún más hasta desgarrar completamente mi alma.

Llegamos a casa de mi hermana, sólo que esta vez José Naím traía un aparato que debía ponerle alrededor de su pecho a la hora en que él durmiera (fuera de día o de noche) para detectar la apnea (o si dejaba de respirar). Aunque en el hospital le habían hecho el estudio para detectarla y había salido negativo, pero por los antecedentes de su hermano —nos había dicho el doctor en guardia— era mejor que lo trajera, así el aparato me avisaría cualquier cosa anormal que estuviera sucediendo.

Se acercaba el mes de diciembre y todavía no teníamos resultados de los estudios, así que hablé por teléfono a México, con la directora de la escuela donde asistían mis hijas y le expliqué lo que estaba sucediendo con mi bebé.

—No te preocupes —me dijo—, primero está la salud de Josecito!

Como en esa fecha hay casi un mes de vacaciones, decidimos quedarnos a esperar los resultados. Pues bien, así que nos preparamos para pasar las fiestas navideñas con un poco de nostalgia por estar lejos de nuestras familias y por la pérdida reciente de mi suegro, además de que ya nos encontrábamos bastante ansiosos y angustiados por todo esto.

El diecisiete del mes de diciembre de ese mismo año (dos mil cuatro) ingresó nuevamente José Naím al hospital, esta vez con una aparente neumonía, que por cierto nunca llegó a ser.

En la sala de emergencias rápido lo entubaron, es decir, le pusieron el respirador artificial, por hacerle falta, aparentemente oxígeno. A mi esposo y a mí no nos dejaron estar con él en esos momentos. Nos sacaron del cuarto. El universo entero se nos venía encima de nuevo; todavía no nos reponíamos de todos los sucesos ocurridos y ¡ahora esto! De nuevo me sentía transportada diez años atrás, como si el tiempo no hubiera transcurrido y todavía me encontrara viviendo aquella terrible y dolorosa pesadilla.

La angustia y la desesperación que ya hacía un buen tiempo me acompañaban, tomó nuevos matices y más fuerza y esa sensación adherida a mí todo el tiempo de no sentir nada, de no ser nada, fue más intensa si es que esto era posible aun. Es difícil explicar con palabras lo que se siente en un momento así, porque al mismo tiempo sientes todo y nada...

De pronto un intérprete nos habló. Nos dijo que estuviéramos tranquilos.

Que mi bebé estaba bien. Que las placas recien tomadas indicaban que no era neumonía, pero que sus pulmones sí estaban muy congestionados y que por lo tanto era mejor que permaneciera unos días ahí, para ayudarle con los mismos. Además como estaba con un respirador era necesario pasarlo a la Unidad de Cuidados Intensivos (ICU) para vigilarlo las veinte y cuatro horas del día. Nosotros estuvimos de acuerdo y más tranquilos al creer que todo estaba aparentemente bien.

Todavía recuerdo aquella primera semana de internado mi bebé en ese tercer piso, yo estaba angustiada y aturdida viendo todo lo que sucedía y preguntando cada detalle de todo lo que hacían, a lo que con una mirada suspicaz y extrañados contestaban a mis inquietudes; viene a mi mente la imagen del doctor encargado en turno por esa primera semana, cuando al ver mi insistencia en los detalles de todo lo que le estaban haciendo a mi hijo, me dijo de una manera cortés, pero fría :

—Señora, nosotros le decimos todo, no nos quedamos con nada ni callamos nada.

—Gracias —respondí—, perdón si parezco algo brusca, pero se que usted entenderá lo que una madre siente al ver a su hijo así.

El doctor me miró y aunque no pude descifrar su mirada me atreví a sostenérsela y creo que eso fue suficiente (no sé por qué) pero sirvió para que en adelante su trato fuera diferente y más cordial conmigo.

Estos primeros días de internado José Naím en ICU transcurrieron tranquilos, día con día mi bebé mejoraba notablemente y los doctores que lo estaban atendiendo fueron muy ambles y considerados tanto con mi hijo como conmigo.

Al finalizar esa semana, los doctores comenzaron a hacerle pruebas a mi bebé, para ver si era posible que pudieran retirarle el respirador artificial, pruebas a las que él respondió muy bien y sobre la base de esto decidieron que el 24 de diciembre lo harían o por lo menos lo intentarían.

Se preparó todo; el cuarto se llenó de doctores y terapistas para el procedimiento. Yo observaba todo detrás del cristal de una puerta. Dos o tres horas más tarde, que a mí me parecieron una eternidad, me llamaron.

El doctor encargado por esa semana, de la unidad de cuidados intensivos, me dijo que no había sido posible retirarle el respirador a José, pero que no me preocupara, que de tres niños a los que se les hacía el mismo procedimiento, uno siempre regresaba (o fracasaba) por una u otra razón; que José tenía demasiadas flemas que no pudo pasarse o toserlas, pero que de todos modos lo intentaríamos más adelante.

Con cada una de estas palabras que iba escuchando, sentía cómo mi alma, ya hecha pedazos, se rompía aún más, al mismo tiempo que tenía la certeza de jamás poder recuperarla.

De más está decir lo que esa navidad significó para nosotros. Mi esposo e hijas, pasaron la "Noche Buena" en casa de un amigo ya que a mis hijas por su corta edad no las dejaban entrar al cuarto de José por estar en cuidados intensivos.

Mi hermana y su familia se fueron a la ciudad de Monterrey, en México.

José Naím y yo, en el hospital.

Siempre me habían gustado las fiestas navideñas, eran mis fiestas o celebraciones preferidas. La navidad representa la época en que uno saca lo mejor de sí: la bondad, el amor, la generosidad, olvidándose o haciendo a un lado los problemas o resentimientos acumulados. Desde niña anhelé ver nevar, pasar una navidad viendo la nieve caer, tocarla y jugar con ella...

Coincidentemente esta navidad, la más triste de mi vida, estando aquí en el hospital, nevó. Através de la ventana del cuarto de cuidados intensivos, con mi hijo por un lado, conectado a un montón de máquinas, vi cómo diminutas escarchas de nieve caían al mismo tiempo que sentía como una a una cubrían mi alma hasta dejarla más fría que la nieve misma.

Una lágrima rodó por mi mejilla, sólo una, no sé si por que yo misma no permití que salieran más o por el bloqueo que mi cerebro estaba haciendo sobre mis emociones. Un bloqueo que era necesario para poder seguir en pie.

Era como una anestesia emocional, mis sentimientos se embotaron y me permitió contemplar impasible esa fría escena ¡y muchas más que estaban por venir!

En un hospital se conoce tanta gente, aparentemente tan distinta; pero que al pasar por momentos cargados de dolor y angustia, nos une un mismo sentir, un mismo pesar, una misma lucha.

Casos diferentes, sí, pero con un mismo sentimiento de amor y dolor, una misma búsqueda desesperada de nuetro Creador, de nuestro Salvador; un mismo pedir consuelo y ayuda con la esperanza de ser escuchados y que nuestro calvario de dolor termine. Especialmente aquí, en la Unidad de Cuidados Intensivos, vi tantas madres, hermanos, familias enteras dobladas por la desesperación y el dolor por la muerte de su ser querido.

Personas que conocí y llegaron a ser parte de mí. Personas que aveces, con su mirada, buscaban un poco de consuelo en la mía, miradas que aveces no fui capaz de regresar y consuelo que aveces no supe dar. ¿Cómo darlo? ¿Cómo ofrecer algo que yo misma estaba muy lejos de sentir, pensando, sín poder evitarlo? *¿Cuándo me tocará a mí?*

Fue precisamente aquí, en esta unidad y en estos días, que conocí a Isabel y Carlos. Una joven pareja, que había decidido probar suerte en este país (el sueño americano) y parecía que la habían encontrado, por lo menos económicamente hablando; los dos tenían un trabajo estable y precisamente eso fue lo que los motivó a tener hijos. Pero su suerte cambió con el nacimiento de Ericka, su bebita, que desde el momento mismo en que nació, los doctores la enviaron al mismo Hospital de Niños —antes mencionado— para que fuera tratada por los "especialistas" para que pudieran ayudarla y así salvarle la vida.

Ericka, había nacido con una deficiencia cardíaca, le dijeron los doctores, pero que le harían un transplante del mismo y todo marcharía mejor. ¡Cuántas esperanzas puestas en estas palabras!

Cuando yo los conocí, ellos ya llevaban más de tres meses en el Hospital, al parecer a la bebita se le habían complicado las cosas con una neumonía que había pescado en el mismo. Como uno sólo disponía de una silla en el cuarto del paciente, nos íbamos a dormir a la sala de espera que precedía la entrada a esta unidad, allí había varios reclinables para que pudiéramos dormir un poco mejor y en el cuarto piso, había un lugar destinado para que pudiéramos ir a comer, asearnos y lavar nuestra ropa. Isabel y yo acostumbrábamos a ir juntas para las comidas; su esposo Carlos, se iba a trabajar en la mañana y llegaba por la noche, algunas veces con cena, de la que yo también compartí varias veces.

En una ocasión me dijeron que se encontraban un poco inquietos por que ya pronto le harían el trasplante de corazón a su bebita, pero que ya una vez hecho, por fin podrían estar tranquilos con respecto a ese problema que amenazaba no solo la salud, sino la vida de ella.

—Todo saldrá bien —les dije, sín imaginar siquiera lo que se cernía en torno nuestro.

Al otro día de que platicamos esto, sucedió algo inesperado con Ericka. Isabel se dio cuenta, después de que regresabámos de una de nuestras comidas, que la bebé no tenía bien puesto el respirador por su boca e inmediatamente llamó a la enfermera y le preguntó qué estaba pasando; a lo que responderieron llamando a la doctora encargada de la unidad para que la viera.

—Creemos que la bebé se desconectó ella misma, jalandóse la manguera; pero vemos que está bien por lo que he decidido que no se lo volveremos a poner. La estaremos checando para ver qué tal respira y si sostiene bien su oxígeno —fueron las palabras que la doctora le dijo.

Estábamos comiendo cuando Isabel me estaba comentando lo ocurrido, todavía recuerdo cuando llamó a Carlos y le dio la noticia, que para ellos era buena, tomando en cuenta que a mi hijo y a otro niño de la misma unidad, no habían podido "desconectarlos". Carlos llegó muy contento esa noche. Noche que sería inolvidable.

Era como la una de la madrugada cuando yo me salía del cuarto de mi hijo y me iba para la sala a dormir. Lo mismo hacían la mayoría. Observé a mi alrededor buscando a Isabel y su esposo y no pude verlos, porque a las nueve de la noche apagaban las luces y la mayoría se cubría, casi totalmente, con una frazada que nos proporcionaban cada noche. Yo hice lo mismo, hasta que escuché unas voces cerca de mí. Eran Isabel y Carlos.

—¿Qué pasa? —les pregunté.

—No sabemos —me respondieron—, nos sacaron del cuarto.

—¿Por que? —pregunté, extrañada.

—Es Ericka —me dijo Isabel y observé que los dos tenían el rostro marcado por la preocupación.

—¿Pero qué pasa? —insistí.

—Es su oxígeno, se le está bajando mucho —me dijo Isabel, con una voz apenas audible.

—No te preocupes —le dije—, si ven que no sostiene su nivel de oxígeno la van a volver a entubar.

—No es sólo eso, su corazón está latiendo demasiado rápido.

—¿Qué tan rápido? —pregunté, sólo que ya no pudieron responderme ya que en ese momento les hablaron para que volvieran al cuarto.

Volví a acomodarme en el reclinable y me quedé pensando por largo tiempo hasta que el sueño y el cansancio me vencieron.

Me levanté, como a las cinco de la mañana para que me diera tiempo de ir a bañarme al otro piso, tomar un café y entrar al cuarto de mi hijo, antes de que hicieran el cambio de turno que era a las siete de la mañana y cuando éste se hacía, cerraban las puertas y no dejaban entrar a nadie hasta las ocho, que era cuando terminaban. Justo cuando me disponía a entrar a la unidad, le pregunté a la recepcionista si sabía algo de Isabel y Carlos, ella me miró un tanto asombrada y pregunté:

—¿Qué pasa?

—¿No sabe? —titubeó, mirándome del mismo modo.

—¿Es Naím?—pregunté al mismo tiempo que mi corazón se aceleraba.

—No, es la bebé de la señora Isabel.

Ya no me atreví a preguntar, sólo atiné a verla y esperar a que ella se decidiera a hablar.

—Murió, la bebé murió como a las cinco de la mañana.

Quise decir algo, pero no pude, solo me le quedé mirando paralizada por la noticia, hasta que por fin me oí a mí misma decir:

—¿Puedo pasar...? —pregunté, dirigiéndome a la puerta sín esperar respuesta. Yo sabía en qué cuarto estaban. No supe ni cómo llegué hasta ellos ni cómo me atreví a abrir la puerta y entrar.

Ahí, al centro de la cama se encontraba Ericka, con un vestidito color blanco que su abuelita, mamá de Isabel, le había puesto. Alrededor de ella estaban Carlos e Isabel, destrozados, acariciándola y con sus rostros cubiertos de lágrimas que no dejaban de salir; más atrás se encontraban sus padres y hermanos, callados, con la tristeza y el dolor reflejados en sus rostros por el cual rodaban aquéllas lágrimas cargadas de un doloroso silencio. No supe ni cómo, pero me acerqué a ellos y compartiendo su silencio sólo atiné a abrazarlos muy fuertemente, queriendo decirles muchas cosas y nada al mismo tiempo; ¿acaso se puede decir algo en un momento así? No lo creo.

Después de ocurrido esto, ellos se fueron del hospital y así llegué a mi segunda semana de estar allí, cambiaron de turno todos los doctores y me tocó uno de ese país, joven, que apenas entró al cuarto y después de observar levemente a mi hijo, me dijo que quería hablar conmigo. Me llevaron a un cuarto y sín más empezó a hacerme preguntas, que la verdad me tomaron de sorpresa, porque no eran referentes a mi hijo o a su condición, sino más bien relacionadas conmigo y mi familia. Me preguntó desde en dónde vivíamos, cuántos éramos, cómo nos había afectado la enfermedad de Naim, cómo estábamos económicamente, etcétera. Para después de terminado su interrogatorio, decirme sin más que a mi hijo le iban a hacer la traqueotomía para que no siguiera perdiendo su tiempo en el hospital, ya que su larga experiencia le decía que mi bebé no iba a poder dejar el respirador. Por supuesto yo sentí que me hundía más de lo que ya estaba; pero al mismo tiempo que experimentaba esa sensación de hundimiento, otras emociones explotaban dentro de mí.

—¿Traqueotomía? —logré preguntarle y con más fuerza seguí: —¿Quién se cree usted que es para decidir lo que mi bebé puede hacer o no, sino lo ha intentado siquiera? Los otros doctores dijeron que harían un segundo intento y eso es precisamente lo que yo quiero que se haga. —Me salí de ahí, sintiendo que el corazón se me salía del pecho, pero aun así, pregunté y obtuve el teléfono del doctor que anteriormente había atendido a Naim.

Me comuniqué con él y después de platicarle todo, me tranquilizó, diciéndome que él iría a hablar con el doctor en turno. Aunque las cosas no resultaron como yo lo deseaba, sí se hizo el segundo intento, pero el doctor adoptó una actitud soberbia con nosotros.

Llegó el treinta y uno de diciembre y con esto empezaba un año nuevo, en el que todo cambiaría de manera más drástica, no sólo para la vida de mi bebé sino para la nuestra también.

Se estaba realizando el cambio de turno de las siete de la tarde, cuando de pronto todas las alarmas de los aparatos que tenía conectados José Naím, comenzaron a sonar.

Su oxígeno se bajó a un nivel peligroso, la presión arterial ya no se le podía tomar, su corazón se aceleró y le entró una fiebre muy alta. Así pasó toda la noche, con estudio tras estudio para tratar de saber lo que estaba pasando.

Como a las cuatro o cinco de la mañana me comuniqué con mi hermana Malú que vive en Dallas, para decirle, sín poder evitar mis lágrimas y desesperación, que mi José estaba muy mal.

Ella a su vez se comunicó con mis padres a México. No quiero pensar o imaginar lo que esa llamada les causó. Inmediatamente prepararon sus cosas para venirse y estar conmigo al día siguiente.

A mi mente llegaron imágenes. Cuántas noches de año nuevo compartidas con familiares, amigos; festejando, riendo, brindando por un futuro mejor. Cuántas veces deseé y pedí dentro de mí, que el siguiente año, pudiera por fín, mitigar el dolor acobijado en mi corazón por la ausencia insustituible de mi primer hijo, un dolor que nunca acababa, una ausencia que jamás se dejó de añorar.

¡Dios! cuántos pensamientos que acallar. ¡Cuántos recuerdos que bloquear y cuántos sentimientos que ignorar!

Ese fue el día más largo de mi vida, no hubo noche, no hubo día, sólo horas, minutos interminables de angustia y de súplica. El resultado, mi José Naím, mi *amorcito corazón* quedó en un estado de inconsciencia total.

—No es coma —dijeron los doctores—, simplemente no sabemos lo que es.

Por mi parte, me abandoné sín resistencia ya, al curso de los acontecimientos y recordé algo que en una ocasión leí u oí:

"Hay cosas que te hacen perder la razón, a no ser que ya no haya ninguna razón que perder".[1]

Creo que no necesito dar más explicación a este pensamiento.

Empezaron de nuevo infinidad de estudios, los doctores "sugerían" diversas enfermedades o "síndromes" que a su parecer podrían ser, pero ninguno llegó a comprobarse o corroborarse con los estudios practicados; pero lo cierto es que desde ese día, con o sín diagnóstico la "vida" de mi hijo cambió radicalmente.

A partir de ese día, mi José Naím, *mi amorcito corazón*, está sujeto a una traqueotomía por el cual se conecta un respirador artificial con oxígeno las veinte y cuatro horas del día para cada instante de su vida; también tiene un "botón" en el estómago por el que ahora recibe sus alimentos. Todo esto se hizo la primera semana del mes de enero del nuevo año dos mil cinco.

---

[1] Frank, Víctor, *El Hombre en busca de sentido*.

Creo que mi "perspectiva" de este "nuevo año" no podía ser más desalentador y dolorosa.

Miraba sín ver todo lo que a mi alrededor pasaba, la entrada y salida de niños en mejor o peor situación que el mío, familias que salían o dejaban el hospital con una sonrisa y alegría reflejada en sus rostros por llevarse de ahí a su pequeño ya sano, pero también vi la muerte física de muchos pequeños que no lograban ganar la batalla con la muerte y sucumbían ante ella, al mismo tiempo que sus padres se rendían y daban paso a la más asombrosa desesperación y dolor.

Al lado del cuarto de mi Josecito, se encontraba un jovencito de unos doce años que desde muy pequeño estaba siendo atendido de su leucemia en ese hospital. Estaban siempre, pendientes de él, su papá que llegaba por las tardes, después de salir de su trabajo y su esposa (no mamá del joven) que para suerte trabajaba en el hospital. Los fines de semana y algunas tardes entre semana, llegaban las tías, para verlo y estar con él. Se turnaban los tiempos para hacerle compañía en el cuarto mientras los demás esperaban afuera, en la sala de espera —que en las noches era el lugar que ocupábamos para dormir todos los que teníamos a algún niño internado en este piso.

Precisamente estando un día platicando con ellos, en la sala de espera, les pregunté cómo seguía Ernesto, que era el nombre del joven.

—Mal, no ha respondido al tratamiento. —Me contestó Lilia, una de sus tías.

—Lo siento mucho —le dije—, anoche vi que le pusieron otra máquina para respirar.

—Sí, dicen los doctores que es la más potente que tienen, pero aun con ella se le está dificultando mantener su oxígeno.

—¿Qué les puedo decir...? —le insinué, sintiéndome terriblemente mal.

—No te preocupes, tampoco nosotros sabemos qué decirte a tí —me contestó a su vez, poniendo su mano sobre la mía—. Acabamos de llamar a su madre, para decirle lo que está ocurriendo y que se venga a despedir de él...

—¿A despedirse? —pregunté, extrañada— No pierdan la fe, Dios es grande...

—Hemos estado hablando entre todos y decidímos pedirle a los doctores que lo desconecten... —me lo dijo con una voz apenas audible y con la mirada baja.

¡Dios! Me quedé helada, el corazón comenzó a latirme aceleradamente. Me quedé mirándola sín verla en realidad. A mi mente llegaron imágenes del joven postrado en aquella cama, junto al cuarto de mi José.

—¿Estan seguros? —pregunté, con voz temblorosa.

—¿Quién puede estar seguro de tomar una decisión así? —me contestó en un tono donde se apreciaba tristeza e impotencia a la misma vez.

—Por lo mismo, entonces ¿cómo es posible que hayan tomado esa decisión?

—Los doctores nos lo sugirieron, nos dijeron que ya no había nada que hacer por él. Que tomando esta decición podríamos, por lo menos evitarle el que sufra más días.

Quise responder muchas cosas que pienso sobre ese tema, pero la verdad era que en esos momentos estaba completamente aturdida y "noqueada" por lo que estaba sucediendo.

La miré, mejor dicho, nos miramos por largo tiempo, sín hablar; creo que no hacían falta las palabras ya que nuestras miradas reflejaban y lo decían todo. Nos despedimos un poco después, yo me dirigí al cuarto donde se encontraba mi bebé, ya que no me gustaba dejarlo por mucho tiempo solo y lo hacía cada vez que salía a comprar algo para comer o para ir al baño.

Esa noche no pude quitar de mi mente al joven de al lado. ¡Dios! ¿Qué puede orillar a unos padres a tomar una decisión asi? Mi cabeza daba vueltas, buscando respuestas y más aún, buscando algo que ayudara o convenciera a esos padres, a esa familia de esperar un poco.

De vez en cuando, me asomaba por la ventana del cuarto que daba al de Ernesto. Se encontraba inconsciente, acostado, conectado a varias máquinas que lo ayudaban a diversas cosas; pero una de ellas, la que le habían puesto apenas una noche antes, lo hacía temblar de tal manera que pareciera le estaban dando convulsiones.

—Es la fuerza de la máquina —me había dicho Julie, la enfermera, cuando le pregunté qué pasaba, por qué le hacía así.

Era verdad que daba mucho dolor ver a Ernesto sufriendo a tal extremo, pero ¿hasta dónde tiene uno derecho a decidir sobre la vida de alguien más? Creo que ni siquiera sobre la vida de uno mismo se tiene el derecho de decidir ya que no somos nosotros quien la otorgamos, por tal razón siempre he pensado que es Dios *y sólo* Dios quien tiene ese único derecho de decidir sobre la vida de cada uno de nosotros, de decidir hasta cuándo.

Ver a este joven Ernesto en tales circunstancias al igual que a su familia, me hizo recordar algo similar, vivido en nuestra familia, años atrás, casi al mismo tiempo que cuando sucedió lo de Farucito, mi primer hijo.

Estábamos en la casa de Mario (esposo de mi prima Isabel) en la ciudad de México, ya que cada quince días llevábamos a Farucito a una institución donde le daban terapias de rehabilitación. En la casa vivían además de Mario y su esposa Isabel, sus hijos Mario, Lizbeth y José de Jesús, el más pequeño, pero de ya diez y ocho años de edad en ese entonces. A este último, a la edad de ocho años le habían detectado y diagnosticado leucemia. Desde esa edad y apartir de los medicamentos y cuidados, él se encontraba casi recuperado.

De hecho ahora, después de diez años, llevaba una vida normal, sólo tenía que hacerse unos chequeos periódicamente. Pero unos meses antes, a Isabel, su madre, le habían detectado cancer después de una hemorragia que había tenido.

Era un cancer terminal, sín oportunidad a nada más. Toda la familia estaba consternada con esta noticia, no dábamos crédito a la misma. ¿Cómo era posible que esto le estuviera pasando a Isabel? Ella, una mujer de lo más linda, tanto físicamente como espiritualmente. Era una persona que siempre estaba dispuesta a ayudar a los demás y estaba siempre en la búsqueda constante de nuestro creador.

Todos la vimos poco a poco ir decayendo, sumergiéndose en el abismo de la enfermedad, mostrándonos la fragilidad de la vida, pero también fuimos testigos de la fortaleza y entereza como persona, como madre, como esposa, como un ser humano extraordinario y excepcional, afrontando su realidad.

Nos encontrábamos en el primer día del mes de mayo del año de mil novecientos noventa y tres, cuando estando en casa de ellos en la ciudad de México, (mis padres, Farucito y yo), tuvieron que internar a José de Jesús —*Jotita*, como le decíamos todos de cariño desde pequeño—, unos días antes había empezado a tener hemorragias por la nariz. Todavía recuerdo aquella tarde cuando fuimos a visitarlo al hospital donde se encontraba internado; él caminaba de un lado hacia otro, preguntando ¿qué estaba haciendo ahí?

Isabel se encontraba sentada a un lado, observándolo solamente y Mario había salido a hablar con los doctores.

—No me duele nada, ni siquiera sé que estoy haciendo aquí. ¡Me siento bien! ¡No tengo nada! —nos decía—. Ya quiero salir, tengo muchas cosas por hacer todavía.

Realmente se veía bien. Era un joven alto, robusto, guapo, de caracter muy lindo y amable y que efectivamente se veía que estaba muy bien y que como él decía parecía que no tenía nada. Sus ansias por salir era que andaba entusiasmado por que iba a iniciar en sociedad con unos amigos, una taquería. Pero la "vida" siempre nos tiene reservados sus propios planes, que como ya dije antes, a veces no tienen nada que ver con lo que uno desea o espera. Esta vez no fue la excepción.

Mario, en ese momento entró al cuarto y sólo de verle la expresión que reflejaba su rostro, sentimos cómo el alma nos daba un vuelco. Mi mamá se atrevió a preguntarle qué pasaba con un gesto, a lo que él respondió saliendo del cuarto y llamándolos tras de sí.

—Me dijo el doctor que ya no hay nada que hacer. Que su médula se movió y ha provocado un mal casi generalizado, que es cuestión de días.

La devastación, el dolor y una infinita tristeza se apreciaba en su rostro y en su voz.

Uno veía a Jotita y realmente no podíamos creer que lo que el doctor acababa de decir fuera verdad. ¿Cómo podía estar muriéndose un joven que estaba desesperado por salir de allí y se encontraba caminando de un lado a otro con una sonrisa en sus labios?

¿Qué decir, qué hacer?

Al otro día, nosotros regresamos a nuestro pueblo y dos días más tarde, Mario le estaba hablando a mis padres para decirles que *Jotita* se estaba muriendo ya. Cuando mis padres llegaron a la ciudad de México, nuestro querido José de Jesús, ya había muerto.

Lo trasladaron a nuestro pueblo, donde lo enterraron y apesar del cancer que estaba sufriendo Isabel y de su cercano fín, también agradeció a nuestro Dios por el tiempo que le había prestado a su hijo y que en ese momento ella, se lo entregaba de la misma manera que lo había recibido años atrás y con la tranquilidad de saber que ahora regresaba de nuevo a sus brazos.

Un mes después de esto, murió mi Farút Yucef y por si furera poco dos meses después, en agosto, moriría también Isabel, la madre de *Jotita*.

De mayo a agosto se habían "ido" tres seres maravillosos y que dejaban a nuestra familia sumida en un inmenso dolor y en una total y absurda incredulidad y desolación. Nos mirábamos los unos a los otros, sín saber o atinar qué decir o hacer. Todos estábamos inmersos en nuestro propio dolor y buscando respuestas a las muchas preguntas que nos daban vueltas en la cabeza.

Hoy, en este hospital donde me encontraba once años después de aquéllas tragedias, viendo a Ernesto recordé a nuestro querido *Jotita* y a Mario su padre.

Ernesto era un joven igualmente alto y robusto, que también días antes había llegado a este hospital por su propio pie y hoy, un poco más de quince días después, se encontraba postrado a esa cama, inconsciente; la diferencia era que Mario e Isabel al igual que toda la familia de Jotita, rezábamos por su recuperación y esperábamos un milagro —¿por qué no?— Mario, su padre, luchó por la vida de su hijo hasta el último instante en que sín más, nuestro Creador se lo llevó.

Esa noche, estuve bastante inquienta y llena de mucha confusión y orando para que esa familia tomara la mejor decisión para todos. Al otro día, conocí a Rosa, la verdadera madre de Ernesto, se encontraba desolada con lo que estaba pasando con su hijo. No pude hablar mucho con ella, ya que precisamente ese día habían decidido que se desconectaría al joven.

No volví a verlos hasta que todo había terminado, ya que nos sacaron a todos los familiares que teníamos a algún paciente en esa unidad de cuidados intensivos y la cerraron hasta que terminó todo con Ernesto.

Yo me encontraba, al igual que la mayoría, esperando en la sala adjunta a la unidad, cuando vi salir al padre de Ernesto abrazando a su esposa, después vi a las tías y sus esposos y al final vi salir a Rosa; iba cabizbaja, con el dolor reflejado en su rostro con lágrimas, pasaron todos a nuestro lado, ninguno dijo nada, sólo los veíamos pasar. Rosa pasó muy despacio frente a mí, nos miramos y sinceramente no supe qué decirle, ella siguió caminando sín dejar de verme; era consuelo, tal vez, lo que me pedía, pero cómo darlo cuando yo misma estaba desconcertada y abrumada por todo esto y además en contra de lo que estaban haciendo o mejor dicho de la decisión que habían tomado. Una decisión con la que tal vez Rosa no estaba de acuerdo, pero era una situación en la cual ella no podía opinar y por lo mismo no se le tomaba en cuenta.

Dios, ¿qué es lo que provoca en una persona, que se decida a tomar una decisión así?, pasando no sólo por alto el amor de padres, sino además pasando por alto, la conciencia y sabiduría universal de que todos venimos de tí, de que tú eres el Señor de la Vida y por consecuencia el único con poder para disponer de ella.

¿Qué es lo que pasa en nuestras mentes y peor aún, en nuestros corazones y sentimientos para llegar a tomar una decisión así?

Dios, por favor, jamás, jamás me pongas a mí en un predicamento igual. ¡Por piedad te lo imploro! Supliqué, en silencio y con un escalofrío recorriéndome el ser entero.

Cuando no podía más, me salía a toda prisa, ya sea del cuarto, de la sala o del lugar en el que me encontrara y me iba al baño, a lavarme la cara una y otra vez hasta que pasara esa sensación de ahogo, de asfixia; y precisamente una noche que me encontraba haciendo esto, conocí a Lucía.

Estaba lavándome la cara y al levantar mi rostro la vi reflejada en el espejo, nuestras miradas se encontraron y le sonreí, ella, por supuesto, me correspondió también con una sonrisa.

Como ya dije antes, Lucía y yo nos parecemos mucho y en muchas cosas, enseguida empezamos a platicar y a tratarnos como si tuviéramos tiempo de conocernos y llevarnos.

Unos días más tarde trasladaron a mi bebé a otro piso llamado de Cuidados Progresivos, donde continuarían los estudios para tratar de saber lo que le sucedía y para mi sorpresa también a Lucía y a su hija Alexandra las pasaron al mismo piso y su cuarto junto al mío.

Esa noche platicamos mucho, ella me contó todo lo que los doctores le habían dicho y el tratamiento que pensaban darle a su hija; pero también me platicó todo lo que estaba sintiendo y el lío de emociones y sentimientos que traía.

—De verdad, estoy tan confundida, amiga.

—Es lógico —le dije—, llevamos semanas aquí, estamos viviendo al máximo el estress, la angustia, el dolor, es normal que sientas confusión, todo nuestro mundo, nuestra vida, nuestra paz se desbarató, casi se esfumó.

—Sí, lo sé, lo entiendo, el único respiro que tengo es cuando veo a la doctora encargado del caso de mi Alex. Cuando platico con ella me siento tranquila, sin miedo...

Le sonreí y le dije:

—¡Qué bueno!, no te preocupes, seguridad, confianza es lo que estamos necesitando —terminé aconsejándola—. ¡No creo que tenga nada de malo bajar la guardia de vez en cuando!

Nuestra realidad...

A mis hijas, a mi esposo y a mis padres los veía sólo los fines de semana, ya que los demás días mi esposo trabajaba con Juan, mi cuñado y mis papás cuidaban de mis hijas, ellas ya habían entrado a una escuela para que no fueran a perder su año —grado—, escolar aunque todos los días nos hablábamos por teléfono.

Como era lógico por su corta edad (nueve y seis años) ellas no comprendían del todo lo que sucedía, aunque a decir verdad ni yo misma entendía nada y ¡no fui capaz de comprender lo difícil y traumático que todo esto podría estar resultando para ellas!

Miraba a mi José Naím sin verlo, sin dar crédito a lo que estaba sucediendo y con la esperanza de que pronto los doctores dieran con el motivo que estaba provocando tal condición en él. Así llegamos a este momento, a nuestro presente, a nuestro hoy...

Nos encontrábamos en el piso siete, pero yo iba todos los días al piso tres donde se encontraba la capilla. Allí, pasaba minutos en completo silencio.

Un silencio incluso, emocional. No quería pensar, me resistía a hacerlo.

"Esto pasará", me decía una y otra vez, sí, pero con la convicción, muy dentro de mí de que no sabía ni sentía lo que decía.

Un día, estando allí, conocí a Marie. Se encontraba postrada rezando e implorando a nuestro Señor Jesucristo, para que ayudara a su hijo y pronto hubiera un donante de pulmón. Lo hacía con tanta desesperación y vehemencia como sólo una madre sabe hacerlo. De la misma manera que suplicaba por el pulmón que necesitaban, también prometía, al mismo tiempo, infinidad de cosas por la recuperación de la salud del niño.

Al verla, no pude dejar de preguntarme, por qué yo no estaba pidiendo con la misma fuerza que ella lo hacía. Yo amaba a mi bebé de tal manera que no creía se pudiera amar con mayor intensidad. Era, no sólo el eje y centro de mi vida, junto con mis hijas, sino también lo era para ellas y mi esposo. Todos girábamos alrededor de él. Entonces, mirándome a mí misma, me di cuenta que no sabía si mi falta de intensidad era porque tenía la seguridad de que todo saldría bien o porque, tenía la certeza de que ocurriría todo lo contrario, lo mismo que diez años atrás había sucedido a pesar de mi vehemencia y de mis súplicas.

Creo que me había dado por vencida aún antes de intentarlo siquiera. Al igual que los sentimientos anteriores de desesperación, impotencia, angustia y dolor habían regresado, también había vuelto y con mayor intensidad mi incredulidad y asombro de ver, de sentir, que a pesar de las súplicas y ruegos que uno haga, sucederá lo que tenga que suceder, lo que ya esté destinado y planeado por nuestro Creador para cada uno de nosotros.

Varias veces me encontré con Marie y empezamos a hablar, a platicar de nuestros hijos. Siempre pedía, ella, de la misma manera, con el mismo ímpetu y desesperación por ese pulmón que tanto necesitaban. Pero ¿hasta qué punto un ser humano puede ser tan egoísta en sus ruegos? Nadie pensaría, al ver a una madre pidiendo así, que pudiera en su desesperación y dolor portarse de una manera tan inconsciente y egoísta.

—¿Te das cuenta, Marie? —le dije—. Para que ese pulmón llegue y le salve la vida a tu hijo, primero debe morir otro niño igual que el tuyo. Tal vez de la misma edad y con una madre, que al igual que tú, está sufriendo mucho y también le está rogando a nuestro Dios por la vida de su hijo.

Marie me miró desconcertada y no supo o no pudo decirme nada.

—Pero ¡es mi hijo...! —logró decirme, de manera desencajada.

—Lo sé —le dije—. Dime, ¿serías feliz de tener a tu hijo otra vez sano, sabiendo que esa vida y felicidad se construyó por encima de la vida de otro ser humano con el mismo derecho a vivir y por encima del dolor y del sufrimiento de otra madre al perder a su hijo? —Más que una pregunta, me sonó a reproche, pero no pude evitarlo.

Marie siguió mirándome desencajada y más confundida aún.

—¡Dios mío! ¡No lo había pensado así! ¿Qué debo hacer entonces? ¿Crees que Dios se enoje conmigo por esto...? —de pronto Marie se había asustado y preocupado más de lo que ya estaba por su hijo.

—Marie, cálmate, ¡por favor! —le dije—. Por supuesto que Dios no está enojado contigo ni con nadie, El es amor, ¿lo recuerdas? Además El nos conoce mejor que nosotros mismos y sabe lo que realmente hay en nuestro corazón y sabe que en el tuyo hay mucho amor por tu hijo, que en ningún momento has pensado en hacerle daño a nadie más. ¡Tranquilizate, por favor!

—¿Entonces ya no debo orar? —insistió.

—Por supuesto que sí. A Él le gusta eso, pero sólo pídele que sane a tu hijo, no le digas cómo, El sabrá lo que hace y cómo lo hace. Sólo confía en Él.

Nos miramos por un buen rato, en donde sín necesidad de palabras, hicieron su aparición el entendimiento, la comprensión, la solidaridad y el amor no sólo de madre sino también el amor de ser humano. Después de ver todos estos sentimientos reflejados en nuestras miradas y de además sentirlos en nuestros corazones, finalizamos regalándonos una sonrisa. Increíble, ¿verdad? ¿Cómo es posible que pasando por situaciones de extremo dolor, miedo y ansiedad se pueda sonreir? Respuesta sólo hay una: Dios.

Los días que precedieron a la salida de mi José del hospital, fueron como si estuviéramos metidos en una pesadilla de dolor y de angustia donde, a pesar de ser nosotros los protagonistas, no teníamos el más mínimo control sobre nada de lo que estaba pasando.

El desfile de doctores, enfermeras, terapistas y exámenes para buscar un indicio de lo que estaba pasando me parecieron interminables. A pesar de todo esto y de sentir que yo estaba muy lejos de ahí, me involucré lo más que pude en el cuidado de mi bebé, en todo lo relacionado a él: sus medicinas, cuáles eran, para qué eran, a qué hora debían ser y por cuánto tiempo.

—Las medicinas, a los pacientes, podemos dárselas en un límite de tiempo, ya sea media hora antes o media hora después de la hora indicada, pero todos sabemos muy bien, que tratándose de José tiene que ser exactamente a su hora —me dijo Joe, uno de los enfermeros, con una amplia sonrisa.

Hice que las enfermeras y los enfermeros me enseñaran a darle de comer por el botón que tenia en el estómago y aprendí —con todo el miedo del mundo—, a hacerle el cambio de la traquea en un tiempo mínimo, ya que cuando esto se hacía, mi bebé quedaba desconectado del respirador y esto era peligroso para él. Me dieron un curso intensivo de CPR (Resucitación Cardio-Pulmonar).

Siempre ayudaba a bañarlo, a cambiar las sábanas de su cama, a moverlo a él continuamente y a mantenerlo lo mejor que se pudiera tener.

Hubo días y noches en la que a pesar del peso de la situación se cargaban de aún más sufrimiento y desesperación —si es que esto era posible—, al sonar las alarmas que nos advertían de que la vida de mi bebé empeoraba o se agravaba intempestivamente y de la misma forma momentos después se estabilizaba de nuevo como si nada hubiera pasado, dejándome con el corazón paralizado y con los nervios destrozados .

En una ocasión, nos encontrábamos en un salón de juntas que había en ese piso, casi en frente del cuarto donde estaba mi bebé; estábamos reunidos la jefa de enfermeras, la doctora encargada esa semana del cuidado de mi José, la doctora de genética y una traducora, Betty, que para bendición nuestra, siempre fue la misma persona que conocimos desde el primer día que pisamos ese hospital.

No fue nada agradable la reunión ya que la doctora encargada nos empezó a decir que lamentablemente no sabían lo que José tenía, que su salud estaba totalmente deteriorada y que no creían se volvería a recuperar, incluso me dijo que ella pensaba que era sólo cuestión de días, semanas tal vez para que todo acabara...

—Su corazón empezará a crecer, sus pulmones se llenaran de agua, por la falta de movimiento se detendrá su crecimientoy su desarrollo, su cuerpecito se llenará de llagas...

Yo la escuchaba y está por demás decir las imágenes que venían a mi mente y el dolor que seguía atravezando mi corazón, mi alma, mi vida entera. No dejé de mirarla ni un momento y sín poder evitarlo exploté:

—¿Cómo es posible que me diga todo esto? ¿Cómo es posible que sean precisamente ustedes los que se den por vencidos? —sín darle tiempo a contestar, me dirigí con toda mi rabia y dolor a la doctora de genética :

—Y tú, ¿no me dijiste acaso que me ibas a ayudar? ¿No dijiste que pondrías todo de tú parte para ayudar a mi hijo? ¿Dónde estan tus palabras, dónde...?

Sín pensarlo me levanté y me dirigí a la puerta cuando oímos que las alarmas empezaron a sonar y vimos cómo los terapistas y enfermeros corrían. La doctora que en ese momento estaba conmigo, salió a toda prisa; mi corazón empezó a latir al máximo y saliendo, casi corriendo, me dirigí al cuarto de mi bebé, estaba lleno de todos: enfermeras, terapistas, doctores... ¡Dios! Un estremecimiento y un fuerte dolor recorrió todo mi cuerpo...

Entré al cuarto y casi todos voltearon a verme, alguien quizo abrazarme, no me dejé.

—¿Qué pasa? —pregunté, al mismo tiempo que llegaba al lado de José en la cama.

—Ahora está bien —me dijo la doctora—, pero tuvo una baja de oxígeno muy fuerte y casi un paro cardíaco, pero ya se normalizaron los signos vitales, en un momento más vendrá el cardiólogo a verlo.

—¿Te sientes bien, quieres agua...? —me preguntó alguien.

Moví negativamente la cabeza, casi no entendí lo que me decían, los latidos de mi corazón eran tan fuertes y tan rápidos que no me permitían escuchar bien, además de sentir nuevamente, que yo estaba muy lejos de ahí, que ya no estaba en ese lugar.

Veía a José Naim sín verlo en realidad. ¿Cómo había sucedido esto...? ¿Cómo habíamos llegado a esto? No entendía nada. ¡Por Dios que no entendia nada! Más tarde vino el cardiólogo y ordenó nuevos estudios para José. Mientras esto sucedía me fui a la capilla a tratar de encontrar, de sentir aunque fuera un instante, un poquito de paz, me sentía a punto de caer...

Mi cuerpo temblaba todavía y esto sería algo que me acompañaría por mucho tiempo, pero no importaba, aunque ya me había dado cuenta de varios "cambios" que estaba experimentando mi cuerpo, mi salud, la verdad era que no les prestaba mayor atención, los detectaba, sí, pero no los cuestionaba ni me detenía a pensar más en ello, no había tiempo, no era el momento, no ahora.

De más está decir que me pasé casi todo el día y noche llena de renovada angustia y sosobra, en un ir y venir a la salita a preparar incontables vasos de café, que como consecuencia trajeron más nerviosismo del que ya tenía. ¡Creo que ya había sobrepasado el límite!

Con angustia esperaba el "nuevo día", necesitaba saber cuáles eran los resultados de tanto estudio practicado.

No tuve que esperar mucho, el cardiólogo de nombre Yun —muy atento y educado, por cierto—, me dijo que había detectado algo en el ventrílucuo izquierdo en el corazón de José, pero que con el medicamento que ya él había ordenado todo estaría bajo control. Esto fue en resumen lo que me dijo después del sinfín de preguntas que le hice.

Después de haber hablado con él por casi dos horas, sentí un respiro en mi alma y un poco de alivio tal vez, ya que en medio de tantas cosas sucediendo, esto era algo a lo que sí se le había encontrado una solución.

Enseguida hablé con mi esposo y mis padres y les informé de todo lo que había estado sucediendo desde un día antes hasta ese momento. Ellos también estaban tratando de adaptarse a todo esto que nos estaba pasando; yo no me permití pensar más en ello, a decir verdad, creo que ya había perdido mi capacidad de pensar, de razonar...

Ese mismo día me encontraba sentada en una silla, al lado de la cama de mi José, leyendo un libro que la señora Betty me había traido, cuando entró un doctor seguido de sus *"fellows"* y de la doctora de genética que había estado con nosotros en la junta anterior.

Enseguida lo reconocí, era el doctor Borguetti que había conocido meses atrás y que me había causado cierta impresión. Creo que también él me reconoció y hablamos mucho sobre el estado actual de José y de lo que la doctora Lauren me había dicho en la pasada junta. Fue muy amable y considerado conmigo, provocando de nuevo en mí una sensación diferente, sí, pero confortable (aunque no estoy segura de que esta palabra describa lo que sentía). Antes de irse me dijo:

—Si le puedo ayudar en cualquier cosa no dude en llamarme —me dio su número de teléfono.

Agradecí sus palabras, sín imaginar siquiera lo pronto que haría uso de ellas.

Todo sucedió muy rápido ya que dos días después, me informaron que se acercaba la hora en que José Naím se tendría que ir a casa.

—¿A casa? —casi grité la pregunta. —¡No es posible! —insistí.

La trabajadora social que me lo había comunicado y que era la encargada de hacer los arreglos necesario para poder ir a casa, me miró por demás sorprendida.

—¿Cómo es posible que me diga que voy a sacar a mi bebé del hospital cuando ni me han dicho lo que tiene y me lo llevo en un estado por demás crítico? —Le expresé llena de angustia—. ¿Qué voy a hacer si se pone mal y las alarmas comienzan a sonar...? —a mi mente llegó el recuerdo de lo ocurrido días antes, cuando tuvo casi su paro cardíaco.

La trabajadora me miró levemente y murmuró que hablaríamos más tarde y se retiró. Lo que vendría después ni siquiera lo imaginaba...

Me llamaron a una Sala de Juntas en donde se encontraba la doctora encargada de ese piso por esa semana, también estaba Mandy, la otra trabajadora social que yo conocía y un intérprete.

Al llegar, de una manera amable la doctora me dijo que me sentara. Me sonrió y después me preguntó que si me encontraba a gusto haciéndole todos los cuidados de la traqueotomía a mi bebé.

—¿Usted se sentiría a gusto haciéndole todo eso a su bebé? —le pregunté de manera irónica, después de que la miré por un breve momento. Reconozco que no fue el mejor tono, la mejor forma, pero estaba ya tan cansada de todo aquello, que algunas cosas, algunas preguntas aun con la mejor disposición, yo ya no las toleraba.

—No, tienes razón —me dijo—, sólo que yo tengo personas que lo harían por mí.

Yo solo la seguí mirando, esperando lo que tenía que decirme, sin imaginarme siquiera lo que venía a continuación.

—Estando aquí en el Hospital, yo soy responsable de la seguridad y bienestar de José, por lo que he decidido que él debe salir ya de aquí y hay tres opciones —hizo una pausa, esperando tal vez que la interrumpiera, pero no lo hice, yo sólo escuchaba—: Una, es que vaya a casa y reciba todos los cuidados que necesita, la segunda es que vaya a un hospicio para que allá lo cuiden y la tercera es que lo dé a otra familia.

¡Por Dios! Cuando ella terminó de decirme todo esto, yo estaba completamente aturdida, sorprendida, azorada, creo que no hay un calificativo que exprese con precisión lo que yo estaba sintiendo en ese momento.

—Tengo la obligación de llamar a protección de niños... —continuaba ella hablando.

Me paré de frente y mirándola con todo el cúmulo de emociones que estaba sintiendo en ese momento le dije:

—En este mismo momento le puedo enumerar a varias enfermeras, incluso doctores que me han dicho estar sorprendidos con mi manera de ser y de cuidar a José, pero perfecto, creo que a protección de menores los debí haber llamado yo desde un principio —la miré de arriba abajo y continué lo más fría y "tranquila" que la situación me lo permitía—. Voy a hacer de cuenta que no escuché lo que acaba de decir, porque creo realmente que no sabe lo que está diciendo. Pero yo sí y le pido, mejor dicho, le exijo que por escrito me diga cuál es la condición o padecimiento que tiene mi bebé, por que hasta ahorita no me han dicho nada y ¡mi hijo entró a este hospital de una manera muy diferente a cómo ahora quieren que me lo lleve a casa! —Le sostuve la mirada un breve momento más y después me dirigí hacia Mandy y con todo el sarcasmo que pude imprimir en mi voz le dije:

—Gracias por tu ayuda. No debí esperar más de tí.
—la miré, los miré de manera despectiva y me salí.

Es increíble cómo a pesar de que uno cree que ya ha tocado fondo, se puede ir más abajo todavía. Yo no daba crédito a nada de todo esto que me estaba sucediendo. Me sentía... mejor dicho, ya no sentía nada, era como si nada tuviera sentido ni razón de ser. Todo era una total y absurda locura, ¡todo!

Empecé a deambular por los pasillos del hospital, con el corazón latiéndome desbocado, angustiada, desesperada y sumida en el vórtice de un remolino de emociones, sensaciones y sentimientos difíciles de interpretar. Mi cabeza daba vueltas en busca de algo o alguien que me pudiera ayudar, sentía que iba cayendo a un precipicio cada vez más profundo y más oscuro y no le encontraba el final, no hallaba la salida; mi cuerpo temblaba, mis lágrimas salían sín control y yo no me percaté de que estaba llorando hasta que alguien, en el pasillo me detuvo y me preguntó de manera amable si me encontraba bien. Alguien a quien miré sín comprender de momento lo que me decía, me limpié la cara y le dije que estaba bien y seguí caminando, dirigiéndome a la capilla del piso tres, donde no había nadie; me senté pero no pude permanecer más de un instante en la silla, así que empecé a caminar de un lado a otro de aquel lugar.

¿Qué decir? ¿Qué pensar? ¿Qué sentir? Todo esto me rebasaba por completo. Me encontraba tan perpleja, tan azorada y desalentada por la situación, por los acontecimientos, por las emociones que iban y venían atropellándome sín misericordia.

—¿Cómo se puede sobrevivir a esto? —Expresé en voz alta en el silencio de la capilla—. ¿Cómo...?

"Nadie sufre más de lo que no sea capaz de soportar..." Al recordar esa frase que tantas veces había escuchado, no pude reprimir una sonrisa. De pronto también recordé:

—Le prometo señora que haré todo lo que esté de mi parte para tratar de saber lo que pasa con su hijo y en cualquier cosa que pueda ayudarla no dude en hablarme —palabras que me había dicho el doctor Borguetti.

Pues bien, haciendo caso de lo dicho me encaminé al cuarto, miré brevemente a Josecito y tomé el teléfono, marqué su número y no dudé en llamarle y decirle que necesitaba hablar con él. Tuve que esperar al otro día, ya que cuando yo hice la llamada era tarde y los especialistas ya se habían marchado. De más está decir que esa noche ni siquiera intenté dormir, mi cabeza daba vueltas una y otra vez en las palabras de la doctora.

Llegó el siguiente día y con él la angustia y la incertidumbre por lo que pasaría con mi José Naím y conmigo. Para mi sorpresa, el doctor de genética respondió a mi llamado y aún ahora sigo agradeciendo el momento en que se cruzó en mi camino. El escuchó todo lo que, entre una mezcla de asombro, perplejidad, coraje, dolor y lágrimas le dije, tratándole de explicarle todo lo que estaba sucediendo:

—Todavía no ponemos los pies en la tierra con todo esto que está pasando con la salud, con la vida de mi bebé y ¿ahora esto? ¿De qué se trata? ¿Qué pasa? ¿Quée? No entiendo nada, ¡le juro que no entiendo nada! —terminé diciéndole entre lágrimas, exigiéndole respuestas!

El me miró y con la misma amabilidad y educación que me habló la primera vez, volvió a hacerlo. Me tranquilizó y me pidió que no me preocupara.

—¡Es bastante estúpido lo que le han dicho! —me dijo y reconozco que cuando lo dijo, hasta sonreí. Con eso sólo él pudo darme la seguridad y confianza que tan desesperadamente estaba necesitando en ese momento. Platicamos un buen tiempo y cuando finalmente él se fue, yo me sentía totalmente diferente, calmada, tranquila, por primera vez en mucho tiempo experimentaba emociones buenas, opuestas al miedo, a la angustia, me sentía diferente...

Los enfermeros y el resto del personal se enteraron de lo que había pasado y algunos se solidarizaron conmigo, me abrazaron y trataron de consolarme; algunos lo hacían abiertamente otros no, ya que era como decirle a la doctora, su jefe, que no estaban de acuerdo con su proceder.

Pasó el resto del día y aunque yo me sentía diferente, no estaba del todo confiada ni mucho menos me sentía segura.

La noche se me hizo eterna, pese a que pude haber dormido porque Josecito pasó una noche tranquila, no pude hacerlo: no tenía la angustia y desesperación de la noche anterior, pero tenía incertidumbre, dudas, preguntas; mi cabeza no descansaba —creo que ya no sabía hacerlo—. En fín, llegó la mañana y con ella, el cambio de turno, el ir y venir de enfermeros, doctores, especialistas, familiares que iban y venían a visitar algún enfermo.

A media mañana, me encontraba parada al lado de la cama de mi bebé, cuando entró al cuarto Mandy, miraba en todas direcciones, nerviosa, finalmente se enfocó en José y en mí. Sonrió de forma tímida, yo no respondí a su sonrisa, esto, por supuesto, la hizo cohibirse aún más, pero aun así seguí sín decir nada, no tenía ninguna intención y mucho menos deseos de facilitarle nada.

—Bu-Buenos días... —tartamudeó al saludarme, yo sólo incliné levemente la cabeza en respuesta.

Ella aclaró un poco su garganta y continuó:

—Yo, yo quiero pedirle una disculpa... —me miró, yo sólo levanté una ceja, un tanto como pregunta, un tanto sarcástica, lo dicho, no tenía ninguna intención de facilitarle nada. —Yo no sabía, no estaba enterada de lo que la doctora Green le iba a decir. A mí ella sólo me pidió que la acompañara a una junta que tendría con usted, pero jamás pensé, ni me imaginé todo lo que ella le diría —habló de manera un poco apresurada, como queriendo decir todo de una vez, sin interrupciones.

Yo apreté levemente mis puños y mi boca, después la miré y le dije de la manera más calmada, amable y sutíl que las circunstancias me lo permitían:

—Al contrario Mandy, soy yo la que te debe una disculpa por lo que te dije ayer, creo que fui injusta contigo. —El semblante de ella cambió. Pareció que iba a decir algo, pero al mismo tiempo yo pregunté:

—Y bien, ¿qué sigue ahora...? —mi voz, sín proponérmelo, sonó dura.

—¡Oh! —dijo ella, como sorprendida—. Ya todo está bien, como debe ser. La doctora Green ya no hará nada de lo que dijo.

—¿Por qué? —pregunté en el mismo tono, estaba tensa, desconfiada y muy, muy cansada.

—El doctor Borguetti habló con ella, ¡no sé qué! —se apresuró a decirme, cuando vio mi sorpresa y mi asombro—. Pero eso fue suficiente para que ahora todo esté bien.

Ella me miró y me sonrió de nuevo y esta vez correspondí sín ningun esfuerzo a su sonrisa, en estos momentos sentí —literalmente—, que me habían quitado un gran peso de encima.

—¡Dios! ¡Gracias! —murmuré.

Mandy se despidió y se fue y me quedé con una sensación de alivio, realmente me habían quitado un peso de encima, pero había algo más, una sensación diferente en mí que no me dejaba estar tranquila y que tampoco podia definir.

Me acerqué a mi José, le acaricié suavemente y por un breve momento la mejilla.

—¡Te amo! —le dije, y salí a traerme un poco de café y algo para comer, ya que desde el incidente con la doctora Green y sín saber lo que iba a pasar, no había tenido ni tiempo ni deseos de comer nada.

El día transcurrió tranquilo, por lo menos eso me pareció ya que no hubo ningún tipo de novedades o sobresaltos de ninguna índole.

Borguetti, su imagen llenó mis pensamientos, sín darme cuenta sonreí.

—¿Todo bien? —Preguntó una voz, que al instante reconocí, lo miré con ansias, con gusto y lo mejor que pude le agradecí el que me hubiera brindado su ayuda. El sólo me miró y también sonrió. Se sentó en el sofá y nos pusimos a platicar de todo y nada. Por supuesto yo le hacía muchas preguntas acerca de lo sucedido con José, todas las respondía con paciencia y claridad. A partir de ese día, antes de irse del hospital, el doctor Borgetti nos visitaba a José y a mí. Era tan confortable estar con él; mis miedos, mis angustias desaparecían, tenía el poder, el don de hacerme sentir tranquila, en paz, segura...Y sín poder ni querer evitarlo, sín darme cuenta tal vez, me aferré a él, ¡con toda la fuerza y desesperación de mi dolor! ¡Con toda mi ansiedad y emociones desbordadas, con toda mi necesidad de sentir que podía confiar y creer que todo estaría bien!

No me había percatado de qué tanto necesitaba su presencia en mi vida, hasta que dos días más tarde me comunicó:

—Tengo que ausentarme del hospital al menos por dos semanas...

Lo miré de forma interrogante, él continuó:

—Así funciona el hospital —se encogió de hombros—, pero ya he dado instrucciones para que me comuniquen cualquier cosa que usted necesite —hizo una pausa. —De todas formas si usted llega a necesitar algo no dude en llamarme.

—¡Gracias! —traté de sonreirle, pero ya no pude hacerlo, me sentía vulnerable.

Las siguientes dos semanas transcurrieron con cierta estabilidad, yo seguía tratando de aprender todo lo relacionado con el cuidado de José. Casi no permitía que nadie más lo hiciera, excepto cuando era algo nuevo y que yo necesitaba aprender. Todos, desde los doctores, las enfermeras, los terapista de respiración, todos los involucrados en el cuidado de mi José me enseñaban con gusto y paciencia. Me sonreían, me consentían y nos cuidaban.

Lucía también saldría pronto del hospital. Aunque Alexandra estaba diagnosticada con mitocondria y no había una solución para ella. Lucía lo sabía desde un principio, un año atrás se lo habían dicho.

Las dos hablábamos mucho y nos ayudábamos en lo que podíamos. Un día nos encontrábamos platicando las dos.

—¿Qué piensas de todo esto? De todo lo que está pasando... ya sabes —me preguntó.

—No mucho. Antes de que pasara todo esto con José Naim, pensé que ya había pagado mi deuda con la vida por adelantado —hice un ademán y mueca de indiferencia—, por lo de mi primer bebé.

—Sí, yo también lo creí —me dijo ella.

—Y ¿ya ves? —la miré—. ¡Nos equivocamos! —Sin poder evitarlo, las dos sonreímos.

—¿Qué cosas, no? cuántas vueltas nos puede dar la vida...

—Así es, amiga —me dijo ella, y en un tono sarcástico añadió—: cuántas "revolcadas" nos puede dar la vida...

Nos reímos un buen tiempo con ganas; cualquiera que nos viera, pensaría que estábamos festejando algo y nada más alejado de la realidad, de pronto recordé una frase de un poema del autor Juan de Dios Peza:

¡Ay! ¡Cuántas veces al reír se llora!
¡Nadie en lo alegre de la risa fíe,
porque en los seres que el dolor devora
el alma llora cuando el rostro ríe!

Cuánta triste y amarga verdad había en estas líneas, ¿no?

¿Y ahora qué...?

Unos días después conocí a Nyla. La señora Rosa, una enfermera que algunas veces había estado al cuidado de mi José, entró una tarde al cuarto y después de saludarme me dijo:

—Le quería pedir un favor...

—Dígame —le sonreí, dejando a un lado el libro que estaba leyendo.

—En el cuarto 9 está un nuevo paciente, es una bebé y su madre se siente muy sola, pensé que tal vez usted podría ayudarla un poco.

—¿De verdad lo crees? —le pregunté, con bastantes dudas.

—¡Por supuesto que sí! Todos hemos visto la facilidad que tiene para hablar, para relacionarse con los demás... —me contestó, con una amplia sonrisa.

—¡Oh!, gracias, pero créeme que no es así. La verdad es que son ustedes los que me ayudan mucho a mí con su amabilidad, paciencia y buena disposición. Pero, si tú crees que de algo puedo ayudar, con mucho gusto la iré a visitar. Y así lo hice, en cuanto me aseguré que la enfermera al cuidado de José estaría con él, fui al cuarto 9.

Así conocí a Nyla y a su bebita María. La bebé había nacido con algunas deformaciones genéticas, algunas visibles, otras no.

Era el primer hijo de Nyla. La bebé desde el momento de su nacimiento había estado en el hospital, primero en otro piso, luego otro y finalmente aquí. Posibilidades de una larga vida, no tenía —me refiero a dos o tres años—, no tenía. A pesar de este diagnóstico, Nyla se aferraba a cualquier esperanza que le pudieran ofrecer.

Una tarde me encontraba leyendo, al lado de la cama de Josecito, cuando se abrió la puerta y entró Nyla, llorando.

—¿Qué pasa? —le pregunté, levantándome y dirigiéndome hacia ella.

—Ya no puedo más, amiga, ¡ya no puedo! —Traía el rostro cubierto de lágrimas.

—Trata de calmarte y dime, por favor, qué es lo que está pasando...

—Los doctores se acaban de ir, ya sabes, siguen y siguen haciendo estudios y ahora —sollozó—, ahorita me acaban de decir que mi María no es María, ¿te das cuenta?

—Esta bien —le dije en un tono tranquilo y tratando de calmarla a ella—. Y esto que me acabas de decir se refiere a...

—A que en uno de los últimos estudios, salió que es hombre no mujer, sus órganos masculinos se le quedaron por dentro según me explicaron ellos.

—Está bien Nyla, ya entendí, ahora por favor trata de calmarte y así podremos hablar más fácilmente, ¿si? —Y así lo hicimos durante un largo tiempo. No sé cuántas horas pasamos hablando, tratando de comprender y entender el por qué de las cosas, pero creo que cuando ella se fue a su cuarto iba más tranquila y con una perspectiva diferente de las cosas. Yo, me acerqué a mi José, lo miré, recorriendo toda su carita, le besé despacio, muy despacio sus mejillas.

—¡Te amo! —murmuré, y después me senté en el sofá del cuarto, que como ya dije antes, estaba pegado en la pared que tenía una enorme ventana que daba hacia afuera, me quedé mirando, las luces iluminaban la avenida casi desierta, había muy poco movimiento, después dejé que mi mirada y mis pensamientos se perdieran...

Quería pensar, poner un poco de orden en todo este caos, pero no pude; quise esforzarme en traer a mi mente pensamientos y no pude, estaba demasiado cansada aún para pensar, si es que esto es posible.

Quise deambular sobre mis sentimientos, sopesar lo que estaba sintiendo, pero tampoco pude. Mi mente, mi razón y aun mi imaginación se negaban a cooperar.

En ese momento no sentía nada, ninguna emoción ocupaba mi cuerpo, estaba vacía. Me quedé así, con la mirada fija, perdida en el vacío de mi alma...

Desperté sobresaltada, me incoorporé y miré a mi alrededor, estaba oscuro, pero, *¿adónde estaba?*

Cerré los ojos con fuerza, apretándolos, al mismo tiempo que mi corazón empezó a latir con más fuerza y rapidez. Una vez más miré a mi alrededor, vi una cama, un niño sobre ella, *¿quién era?*

Regresé la mirada hacía mí, me vi sentada en un sofá. Levanté mis manos y les di la vuelta, buscando con la mirada algo, ¿pero qué?

—*¿Quién era? ¿Qué era?*

Apreté los ojos nuevamente y sacudí la cabeza, —¡DIOS!— exclamé al momento que abría mis ojos y en ese mismo instante me conecté de nuevo conmigo misma, con mi realidad, con mi presente. Una realidad que no quería, que no me gustaba, que estaba llena de un inmenso e insoportable dolor; una realidad que me hacía sentir deseos de "salir corriendo", pero no de aquel lugar ni de aquella circunstancia, no, ¡yo quería salir corriendo de mí misma!

Y creo que por un breve instante, por un breve momento lo conseguí. Me desconecté de tal modo de mí misma que cuando desperté sobresaltada no reconocí nada ni a nadie, no reconocí el lugar, no reconocí a mi hijo y no me reconocí a mí misma. Mi corazón empezó a calmarse al mismo tiempo que mi mente recuperaba la memoria y sus funciones normales, creo...

Me levanté, miré el reloj que estaba en la pared, eran las 3:25 de la madrugada. Me acerqué a mi hijo, revisé rápidamente los números de las máquinas, todo estaba "bien". Acerqué mi rostro a mi José Naim, a mi bebé, lo mire por un breve instante, más de lo que me permitía a mí misma hacerlo, le di un beso en la frente y regresé al sofá a tratar de dormir de nuevo.

Los días transcurrían con una aparente calma, por lo menos mi José Naim, había tomado cierta estabilidad, lo cual nos permitía no tener sobresaltos seguidos. Yo tomé clases de CPR (Resucitación Cardio—Pulmonar), aprendí a limpiar y a cambiar en tiempo record la traqueotomía, algo que por cierto me daba mucho miedo, ya que algunas veces esta se atoraba y no podía entrar luego en el cuello de mi bebé y mientras este cambio se hacía él se encontraba totalmente desprotegido, ya que estaba sín oxígeno, pues este iba conectado a la traqueotomía; también hicimos algunos cambios en su alimentación y aprendí todo, todo lo referente al cuidado de mi hijo.

Otra cosa que me gutaba hacer era deambular entre la capilla y los corredores del hospital. Platicaba con las enfermeras, enfermeros, con las personas que había en otros cuartos. Todos eran amables conmigo, algo que agradezco infinitamente.

Cómo no valorar cuando en una ocasión, el enfermero que estaba al cuidado del niño del cuarto contiguo, me dejó en el transcurso de la noche, mientras yo dormía, un ramo de florecitas plateadas que hizo durante la noche, especialmente para mí. Fue realmente grato y conmovedor abrir mis ojos y verlas junto a mí, en mi almohada.

O cómo no agradecer cuando doña Mary, otra enfermera, vino con su esposo un fín de semana a visitarme — por cierto, esos eran sus días de descanso—y traerme torrejas o capirotada, un dulce delicioso que hacía mucho tiempo no probaba.

Joe, que en una ocasión que tuvieron un festejo entre los enfermeros, se salió de la reunión, para llevarme un plato de comida y postres.

Y Nuria, a quien bastó conocer solo una noche para hacer "click" con ella, hablamos casi toda la noche, como ya lo dije al inicio de este relato, es como si nos conociéramos de toda la vida, al otro día cuando desperté de la charla con ella, había en mi almohada sobrecitos de té para mí.

O Grace, Andrea y MarieAnne que ponían un especial cuidado en nuestro Josecito y en mí, además de hacerles pasar el tiempo agradable a nuestras hijas cuando estaban visitándonos en el hospital.

Muchos detalles que agradecer, muchas muestras de cariño que me dieron soporte y que me ayudaron a no caer, como muchas veces lo hizo la señora Betty que siempre estuvo conmigo desde un principio, siempre pendiente de cómo estaban y cómo iban las cosas, tomándose la molestia de traerme libros, de ver que no tuviera frío, trayéndome comida todos los días, preocupada por que me alimentara bien, pendiente no solo de mí y mi José, sino también de el resto de mi familia. Levantándome cuando yo "tiraba la toalla" como comúnmente se dice:

—Así tenga que ocupar una pala, para recogerte pedazo a pedazo, pero tú, te levantas — me dijo una vez, con una voz suave pero inflexible al mismo tiempo, cuando yo me encontraba muy desesperada y angustiada por todo lo que estaba pasando con nuestras vidas, sobre todo con la de mi José Naim. Ella ha sido el pilar de nuestras vidas, de nuestro hogar, de nosotros como familia.

Los días transcurrieron con los preparativos para la salida de José Naim del hospital y esto significaba, un giro de nuevo en nuestras vidas: empezando por buscar un lugar dónde vivir, adaptarlo a nuestras necesidades, inscribir a las niñas en la escuela pero sobre todo, aprender a leer y usar todas las máquinas de la que dependía la "vida" de mi bebé.

Todo esto me llenó de sozobra, desaliento, angustia y más...

Una noche, en medio de todo este ajetreo, me puse mal. Me había quedado dormida ya tarde, como de costumbre, pero un poco después, tal vez como a lastres o cuatro de la mañana, me desperté inquieta. Enseguida que abrí los ojos busqué rápido con la mirada a mi bebé, luego revisé los números de las máquinas y todo estaba bien, pero algo no se sentía bien, observé con rapidez todo el cuarto, todo estaba en orden...Sólo entonces me di cuenta que la que no estaba bien era yo; me encontraba hiperventilando y los latidos de mi corazón eran tan rápidos y tan fuertes que me retumbaban en los oídos. Me levanté, me senté un momento en la cama, tratando de saber o de ver qué hacía, justo en ese momento entró Andrea, una enfermera que ya varias veces había cuidado a mi Josecito por las noches, una enfermera que nos cuidababa a los dos, con cariño y dedicación.

—¿Qué pasa? —me preguntó, acercándose a mí y cerciorándose de que todo estuviera bien con Josecito.

—No me siento bien —le dije, con vozvacilante, me sentía helada y me temblaba todo el cuerpo.

—¿Qué siente, qué le pasa? —me preguntó de nuevo tocándome el hombro, se veía preocupada.

—N-no sé, tal vez es la presión, ¿p-pue-puedes prestarme un aparato pa-para tomarmela? —Mi temblor se hacia más fuerte y eso no me gustaba, me sentía entrando en pánico.

Andrea salió con rapidez y entró un poco después con el aparato para checarme la presión.

—Antes de tomármela, por favor, déjame tratar de controlarme un poco —le dije, haciendo esfuerzos por calmarme. —Y, otra cosa —ella me miró asintiendo con un gesto—: no me digas qué tan alta la tengo por favor, —ella me miró un poco confundida.

—Sólo dime que Sí o que No está alta, pero no me des números, por favor.

Ella estuvo de acuerdo y creo que comprendió mis intenciones, ya que cuando me dijo que Sí la tenía alta, su rostro y su voz estaban calmadas. Esto me ayudó mucho, yo sabía que mi presión estaba alta, sólo que no quería entrar en pánico al saber qué tanto.

—Platiquemos —le dije— esto me ayudará a calmarme un poco y estabilizará mi presión.

Ella con una media sonrisa empezó a hablarme de otros pacientes, de amigas enfermeras, etcétera. Después de unos minutos le pedí que me la checara de nuevo.

—Por favor, igual no me digas qué tanto, sólo dime si ya bajó aunque sea un poquito —le pedí. Así lo hizo, me dijo que efectivamente había bajado un poquito. Yo creo que fue tan poco, que no pudo evitar decirme:

—Si gusta la podemos llevar al hospital de al lado, para que la chequen y estar seguros...

—No te preocupes, por favor —traté de decirlo de la mejor manera—. No voy a dejar a Josecito solo —quise sonreirle—, voy a estar bien, sólo necesito tranquilizarme un poco. Sígueme platicando de tus hijos...

Así pasamos un buen tiempo: ella me checaba la presión y su rostro iba cambiando cada vez más hasta que por fin llegó el momento de sonreirme ampliamente.

—¿Ya casi está normal? —le pregunté, mucho más calmada y levantándome para caminar un poco.

—Ya está bien, ¡gracias a Dios! —me dijo, con una sonrisa y un gesto de tranquilidad.

—Gracias a Dios, Andrea y gracias por ayudarme —le dije, tomándola de las manos—. ¡Gracias de verdad!

Andrea me dio un fuerte apretón de manos y con una sonrisa salió del cuarto. Yo suspiré, observé una vez más a Josecito y me dirigí de nuevo al sofá, para intentar dormir y descansar un poco, antes de comenzar un "nuevo día" y lo que nos trajera junto con él.

Ese día comenzó y transcurrió con aparente calma, y digo aparente por que nunca sabíamos en qué momento las circunstancias cambiaban y daban un giro radical.

Esa mañana me dieron dos noticias: la primera, que tendría una reunión con todos los doctores que atendían a José para hablar de su situación, de lo que esperaban que sucediera y de las posibilidades o expectativas que teníamos, y me dieron una hoja para que anotara mis dudas o lo que quisiera decirles o preguntarles a los especialistas en tal reunión; la segunda noticia fue que el doctor Borguetti había vuelto al hospital y que tan pronto como le fuera posible iría a visitarnos. Esta noticia me tranquilizó mucho. Lo extrañaba y lo necesitaba mucho más de lo que yo me hubiera imaginado.

El día siguió su curso, yo evité salir del cuarto en espera de la reunión o de la visita del doctor Borguetti. Estaba ansiosa, deprimida, triste, cansada, la incertidumbre dentro de mí crecía...

Grace de nuevo era la encargada del cuidado de Josecito, pero había algo diferente en ella, se encontraba haciendo todo de manera correcta como siempre, pero noté algo en su mirada —que, por cierto, me esquivaba.

—¿Qué sucede, Grace? —quise saber.

—No, nada, todo bien... —me contestó, con la voz un poco vacilante.

Me acerqué a ella decidida a saber qué estaba ocurriendo y parándome frente a ella le exigí:

—Dime —la miré directamente a los ojos y me di cuenta que estaba o había estado llorando—. ¿Qué pasa Grace? —suavicé mi voz, ella me miró y comenzó a hablar.

—Estoy muy triste y preocupada —sollozó—. La mamá de mi novio, se acaba de enfermar, e-está muy grave... —balbuceó y las lágrimas afloraron en sus ojos.

—Lo siento mucho, Grace, de verdad —puse mi mano en su hombro— pero tienes que ser fuerte, no es momento de llorar, tu novio te necesita, debe apoyarse en tí, tienes que ayudarlo —la miré—. Tienes que ser fuerte y estar a su lado, con él. —le limpié una lágrima.

—¿Adónde está él ahorita? ¿Está aquí en el hospital? —le pregunté

—Sí, a-acabo de hablar con él.

—¿Quieres ir a verlo aunque sea un momento? —insistí, y ella me miró.

—Tengo que estar aquí con Josecito... —me dijo entre extrañada y esperanzada. Yo me dirigí a tomar unas toallitas de papel que había en una caja, y secándole las lágrimas y limpiándole el rostro le dije:

—Vamos, ve, yo puedo hacerle todo a Josecito y si alguien me pregunta por ti diré que me estás haciendo un favor —le sonreí—. Vamos y recuerda, él te necesita a tí en estos momentos, no más lágrimas, no por hoy, ve —y practicamente la saqué a empujones.

A media tarde, me avisaron que la reunión con los doctores se pospondría para el siguiente día y Grace regresó después de unas horas. Así que decidí tomarme un tiempo para ir a la tiendita que estaba en el tercer piso. Quería comprarle algo al Dr. Borguetti, busqué y al no encontrar lo que tenía pensado, opté por una figurilla de arcilla, que tenía la forma de unas manos unidas en símbolo de oración (que por cierto, constantemente esto yo lo hacía para suplicarles y pedirles a los doctores para que ayudaran a mi bebé) en la parte de abajo de esta figura, se leía tres palabras grabadas: *Fuerza, Coraje, Fe.* Me pareció perfecto, ya que el doctor representaba todas estas emociones para mí; la fuerza que me daba su presencia, el coraje para seguir en pie y la fe que me inspiraban sus palabras, sus consejos. La compré y la deposité en una bolsa para regalo que me arreglaron en la tienda. Regresé enseguida al cuarto. No había ninguna novedad. Me acerqué a mi José, lo vi, lo besé, le enseñé y le platiqué lo que había comprado y para quién era. Puse el regalo en una mesita que había al lado del sofá, tomé un lapicero y la hoja de papel que me habían dado para la reunión con los doctores y salí del cuarto; frente a éste había una pequeña salita con algunos libros y dos mesitas con sus sillitas. Me senté en una de ellas, puse la hoja sobre la mesa, la contemplé por un breve espacio y dejé que mi mirada vagara por unos momentos por el lugar, después comencé a escribir. Lo hice sín parar, era como si me estuvieran dictando lo que debía escribir. Una vez que terminé lo leí:

Febrero 2005

Dr. Borguetti:

Esta hoja me la dieron para que aquí anotara las preguntas que deseaba hacerles, pero a pesar que son muchas las que vienen a mi mente, sé que para la mayoría de ellas no tienen respuestas y peor aún, aunque las tuvieran no cambiarían las cosas que han pasado y sus consecuencias.
No sé qué va a pasar con José Naím, ni siquiera sé qué va a pasar conmigo.
La vida nos golpea por segunda vez donde más nos duele, sín oportunidad siquiera de esquivar el golpe.
Y aunque nuestro futuro es incierto, en medio de toda esta confusión y dolor, algo tenemos bien claro:
POR Y CON JOSE NAIM hasta el final.
Ojalá el sacrificio y la estancia de mi hijo en este lugar no haya sido en vano.
Sea lo que sea, de todo este revés que la vida nos dá, lo único bueno fue conocer a personas como usted.
Le agradezco cada momento, cada minuto y cada pensamiento que le dedicó a mi hijo, sé que puso lo mejor de sí.

Quiero que sepa que cuenta incondicionalmente conmigo, así como con todos y cada uno de los miembros de mi familia, porque todos saben de usted.
Tal vez no sea mucho lo que podamos ofrecerle, pero si alguna vez desea visitarnos o necesita algo, no lo dude; en nosotros, con seguridad encontrará un cariño sincero.
Le deseo de corazón que Dios lo bendiga.

Por toda su ayuda a nombre de José Naím:

Gracias

Me acerqué a mi José y se la leí, cuando terminé de leerla, la doblé y la guardé en un sobre que le pedí a la enfermera.

Esperé a que fuera a vernos el doctor; esa misma tarde —ya casi noche—, lo hizo; nos saludamos como de costumbre y después él me preguntó:

—¿Se suspendió la reunión con los doctores?

—Sí, creo que será mañana —le respondí. Nos encontrábamos sentados en el sofá. Me enderezé un poco y sin poder evitarlo o sin percatarme de ello, mi voz y mi gesto se endureció.

—¿Qué pasa? —me preguntó él.

—Quiero hacerle un pregunta —le dije un poco nerviosa. El asintió y yo continué: —Usted me ha dicho que lo que ha pasado con Josecito es algo genético, que usted está un noventa y nueve por ciento seguro de ello.

—Hice una pausa y lo miré, él hizo un movimiento afirmativo con la cabeza, yo continué—: Pero si usted pensara o supiera que no es así, ¿me lo diría? —casi detuve la respiración esperando su respuesta.

—Sí, se lo diría —me contestó, con voz firme y segura.

—¿A pesar de las consecuencias que esto ocasionaría? —pregunté.

—A pesar de las consecuencias.—me aseguró, con voz firme—, se lo prometo.

Lo miré, nos miramos directamente a los ojos y después con un suspiro, casi como de alivio, asentí con mi cabeza y traté de sonreir.

—No quiero la reunión con los doctores.—le dije.

—¿Por qué? —me preguntó.

—No creo que tengan nada nuevo que decirme, además todas mis preguntas y dudas las he hablado con usted y esto es suficiente para mí. Confío en usted —él me escuchó y asintió con un leve movimiento de cabeza, mirándome.

—Está bien yo hablaré con los doctores, no se preocupe.—me dijo, con su habitual tono amable y educado de siempre.

Después de esto, yo me levanté y tomé de la mesita la bolsa con el regalo y el sobre con la carta que le había escrito, se las entregué al doctor. El me agradeció el regalo y después de leer la carta sólo me miró por un breve espacio, sé que no eran necesarias las palabras ni nada más, pero aun así, él me preguntó si podía darme un abrazo.

Los días transcurrieron con una relativa calma, los doctores, uno por uno iban hablando conmigo, dándome sus indicaciones, preguntándome sobre mis dudas, etc. y conforme esto sucedía yo iba entrando en un estado por demás difícil de explicar. No sé si algún día lograré salir de esto, pienso que tal vez sí, por que aunque las ganas o voluntad de hacerlo me abandonen, tengo razones poderosas para intentarlo: Tahani y Samira, quienes tampoco se merecen nada de esto que están viviendo; mis padres que también sufren al verme y ver a mi bebé, mi esposo que sería como una veleta sín dirección. Tal vez sí, tal vez no, ¿quién podría saberlo con seguridad?

Lo cierto es que no podría soportar ver que si yo me derrumbara ellos también lo harían, no podría soportarlo ni deseaba tener más peso sobre mis espaldas, ¡ya no!

Con un suspiro, seguí mirando sín ver a los doctores, que en ese momento me decían que tendríamos que quedarnos a vivir aquí y que por consiguiente teníamos que buscar un lugar para poder llevar a José a "casa".

Platón Sánchez es un pueblo chico, donde todos nos conocemos. Aquí en Houston viven algunas personas que son de allá, que se han establecido y formado sus familias acá, pero que por ello, no dejan de tener comunicación con sus familiares que se quedaron en el pueblo.

Así se enteraron de lo que nos estaba sucediendo y varios de ellos fueron a vernos y a ofrecernos su ayuda al hospital.

De este modo aparecieron en nuestras vidas María y Rafa con sus dos hermosas hijas: Nataly y Melanie; Abraham y Lorena con sus bellos hijos: Diana, Samuel y meses más tarde nació mi querida Mía. Orlando y Angélica con sus agradables hijos Jaqueline, Jonathan y Judith; Francisco (Paco) y Laya con sus lindas hijas: Mariana y Malú.

Todos ellos han sido nuestro gran soporte en esta etapa tan dolorosa y tan díficil en nuestras vidas.

Por medio de María conocí al padre Phillipe (el angel de la guarda personificado) y por medio de él conocimos a Amber y a Melissa, ambas la expresión misma del amor al prójimo y la fe y junto con ellas conocimos a Ronald y Francisco, hoy, esposos de ellas respectivamente. Todos ellos encargándose de cada detalle en nuestras vidas. De estar a nuestro lado en todo momento, de celebrar algún cumpleaños de nuestras hijas o algún día especial, de hacer todo lo posible por que nuestros días fueron menos difíciles y ¡más llenos de luz!

Tampoco puedo dejar de mencionar a quien desde un princio Dios puso en nuestro camino y que en los momentos más difíciles y dolorosos de mi estancia en el hospital, estuvo allí para no dejarme caer o ayudarme a levantar cuando yo ya había caído: la señora Betty.

Todos ellos y más, son los pilares de nuestras vidas y los que no dejan que nuestras almas se derrumben. Los que con su amor, su bondad, su fe, nos ayudan y nos empujan —cuando es necesario—, a seguir adelante.

Hay muchas emociones y sentimientos dentro de nosotros, algunas van y vienen, otras desaparecen y otras aún toman más fuerza, como el dolor.

"Sácalo" —me dicen—. "Saca ese dolor que no te deja vivir".

Pero el corazón no entiende, no razona, sólo siente. Es tan difícil seguir adelante con tanto dolor encima, pero a veces no hay más opción. Así que con dolor o sín él, con ganas o sín ellas, con luz u obscuridad aprendí a seguir en pie y a agarrarme de lo que fuera para no caer.

Ese día se iba Lucía con Alexandra a casa; fui a verla a su cuarto cerca del mío.

—¿Cómo va todo? —pregunté, a modo de saludo y acercándome a Alexa.

—Bien, amiga —me respondió Lucía, con una triste sonrisa—. Lo mismo de siempre, ya sabes —se encogió de hombros. —Esto de tener un péndulo sobre tu vida...

—¿Ya te despediste de todos? —pregunté.

—Sí, de todos —me miró—. ¿Increíble, no? ¡Cómo una persona extraña a tu vida puede llegar a influir tanto en uno y en medio de toda esta locura! —terminó diciendo, más que para mí, siento yo, lo dijo para ella.

Sonreí levemente, porque sí, sabía de lo que me estaba hablando,

—Tú lo acabas de decir: ¡todo esto es una locura! —mi voz sonó apagada, no pude evitarlo y no era mi intención, yo quería darle ánimos a Lucía. El silencio se hizo presente, hasta que una pregunta surgió de la nada:

—¿En qué piensas? —quiso saber Lucía. Encogí levemente mis hombros y respondí,

—Sólo me observaba, contemplándote... —la miré y con una sonrisa le dije: —Nos estamos viendo, ¡cuidate!

—¡Así será!

Regresé al cuarto con mi José, todo estaba "bien". ¡Dios! qué díficil es verlo así. Su cuerpo que antes era movilidad e inquietud ahora inerte, sus ojos que siempre me buscaban ansiosos, ahora cerrados ocultando su mirada hermosa; su sonrisa que iluminaba y llenaba de calor y luz ahora ya no existía. ¡Dios! ¿cómo seguir adelante así? Mejor dicho, ¿cómo seguir de pie así? ¿Cómo? No lo sé, lo cierto es que ¡lo tenía que hacer!

Me encontraba, precisamente contemplándolo y pensando todo esto cuando de pronto entró al cuarto un doctor joven, ya lo había visto un par de veces por los pasillos pero no era doctor de mi José. Lo miré un poco extrañada.

—Hola, ¿cómo está? —saludó con una sonrisa y con un casi perfecto español.

—Hola —respondí.

—Soy el doctor en guardia por esta semana, pero ciertamente —se apresuró a decirme al ver tal vez mi expresión de extrañeza—, no soy doctor de su hijo.

—¿José, verdad? —me preguntó, y yo confimé con un gesto—. Sólo quería conocerlo —sonrió de nuevo dulcemente y acercándose a José le acarició brevemente la mejilla, después sólo me miró y se despidió con un: "¡Gracias!".

Sé que debí haber preguntado el por qué quería conocer a mi José pero habían sucedido ya tantas cosas extrañas o raras que tal vez yo ya había perdido la capacidad de asombrarme o darme cuenta de ellas.

En fín el tiempo seguía su curso y había muchas cosas por hacer.

Farút, mis padres y nuestros amigos se encargaron de buscar y acondicionar el departamento donde empezaríamos a vivir. Mis hijas entraron a la escuela, Farút consiguió trabajo y yo me dediqué a cuidar en cuerpo y alma, las veinte y cuatro horas del día a mi amorcito corazón. Nuestra vida giraba de nuevo.

Un día un poco después de que ya estábamos viviendo en el departamento y después de que mis padres ya se habían regresado a México, mis hijas en la escuela y Farút trabajando, me encontraba sola con José y me dejé llevar por las emociones y sentimientos que bullían dentro de mí sín control y exploté en lágrimas y gritos de un inmenso e indescriptible dolor, gritos de frustración, de incredulidad, de rabia, de locura...

No sé cuánto tiempo pasó, solo sé que me di cuenta de una cosa: Que esto no podía volver a pasar; yo no podía, no debía permitirme tener estos arrebatos por mucho que sintiera la necesidad de hacerlo, no: "había llorado, pataleado, gritado y brincado" y de todas formas estaba en el mismo lugar, nada había cambiado, nada; excepto que este arrebato (o berrinche) me había dejado literal y tecnicamente tirada, sín fuerzas incluso para respirar y esto no podía ser,no debía ser.

Me incoorporé un poco del piso donde me encontraba, me limpié las lágrimas con mis manos, aspiré lo más profundo que pude y reuniendo todas mis fuerzas me levanté por completo y me acerqué a la cuna donde estaba Josecito.

—Amor —me esforzé porque mi voz sonara lo más tranquila y calmada que se pudiera escuchar—. Te pido perdón por este berrinche que acabo de hacer —sonreí y acaricié sus mejillas—, todo está bien, yo estoy aquí, siempre estaré aquí, junto a tí, ¡siempre! —seguí acariciando su rostro y me quedé helada cuando vi que por una de sus mejillas rodaba una lágrima. ¡Dios! me incliné hacia él y lo abracé completamente, estrechándolo contra mi pecho, tratando de confortarlo, lo besé un sín número de veces.

—Mi amor, aquí estoy contigo, ¡siempre Josecito! —le dije una y otra vez—. ¡Siempre!

De ahí en adelante todo fue aprender una nueva forma de vida. De repente te encuentras haciendo cosas y te sorprendes viéndote a ti misma hablar, caminar, llorar y hasta sonreir, pero al mismo tiempo te das cuenta que todo esto es algo aprendido, que es como si tu automático estuviera encendido haciendo lo que tu cuerpo (o persona) necesite o deba hacer, pero ya sín voluntad propia.

Bruscamente te das cuenta que tú ya no estas ahí, que tu alma está perdida y que ¡ya no sabes dónde estás! Buscas dentro de tí y no te encuentras e inevitablemente te preguntas *¿y ahora qué?*

Así, con todas estas emociones en conflicto y sentimientos encontrados seguimos nuestros días y noches; mis hijas adaptándose a su nueva vida y escuela, a sus nuevos compañeros; Farút, acoplándose a su nuevo trabajo y Josecito y yo, entrando y saliendo del hospital ya sea para sus citas de seguimiento o por que su estado de salud se agravaba. Aveces mi estancia en el hospital sólo era cuestión de días, otras demoraba meses, según la gravedad del problema que estuviera presentando mi bebé.

Sí, quiero tenerlos en mi vida

Seguí conociendo más personas cada vez y cada vez más fui aprendiendo a querer a los que ya conocía, al igual que ellos nos mostraban más y más afecto y cariño. Nuestras visitas al hospital eran frecuentes, lo mismo podían ser programadas o bien que nuestra llegada fuera a la media noche, pasando primero por la sala de emergencias.

La "salud" de mi bebé se fue manteniendo más o menos estable. Había momentos en que se agrabava y después de un momento a otro mejoraba, cada vez eran más estudios, cada vez cosas nuevas.

Hubo una ocasión, en que tuvimos alerta de huracán y tuvimos que ser evacuados en un avión de la armada, hacia la ciudad de Dallas, junto con otros niños que también se encontraban en el hospital; aquello fue un verdadero caos: recuerdo a toda la ciudad evacuando o tratando de hacerlo ante la amenaza del huracan categoria 5 que se acercaba a la ciudad; mis hijas y mi esposo afortunadamente se encontraban conmigo en el hospital que por cierto hizo una evacuación de todos los pacientes de una manera eficaz, segura y organizada a otros hospitales en diferentes ciudades. Cuando a nosotros nos evacuaron recuerdo bien cómo el personal de la armada fue muy comprensivo con todos nosotros.

Invitaron a nuestras hijas a la cabina de los pilotos y tomaron un especial cuidado de nuestro José, de que estuviera cómodo, confortable.

Cuando llegamos al Hospital de niños nos atendieron excelente, nos recibieron con cordialidad y profesionalismo. Después de instalar a nuestro Josecito en su cuarto y checar con sus doctores y enfermeras que estarían a su cuidado por esos días, mis hijas, mi esposo y yo fuimos a buscar algo para comer en la cafetería del hospital. Recuerdo muy bien que nos encontrábamos recorriendo el lugar buscando qué comprar para que por fín pudiéramos comer algo después de tantas horas de incertidumbre y preocupación y muy preocupado me dijo mi esposo:

—No nos alcanza, por las prisas de todo esto que estaba sucediendo no traje dinero suficiente —me dijo, abochornado y preocupado; lo miré sín estar segura de qué estaba sintiendo.

—Okay —le respondí—, tratemos de comprarle primero a nuestras hijas y veámos qué podemos comer. Así lo hicimos, tomamos unos panes, salchichas, cereal y jugo para nuestras hijas y cualquier cosa para nosotros; aun así teníamos dudas de que pudiéramos obtenerlos a la hora de pagarlo. Nos encontrábamos en la caja para hacer el pago de nuestra comida cuando la persona encargada de cobrarlo, checó cada cosa y cuando le preguntamos cuánto era, nos respondió con una sonrisa:

—Nada.—Farút y yo nos miramos extrañados.

—¿Nada? —pregunté—, ¿por qué? —insistí, observando cómo las demás personas sí estaban pagando sus cosas.

—El señor Joe, nuestro manager me dio instrucciones de no cobrarles nada cada vez que ustedes quisieran comprar algo.—respondió muy amablemente.

—¿El hospital no le está cobrando a los que venimos por la evacuación...? —insistí.

—No, no es eso. Sólo tengo instrucciones de no cobrarles a ustedes.

Tomamos las cosas y aún sín entenderlo le dimos repetidamente las gracias. Nos sentamos en una mesa para comer. Después de un momento yo me levanté y fui a ver a la señorita que nos había atendido.

—Disculpa ¿crees que pueda hablar con el señor Joe? Me gustaría agradecerle personalmente...

—Hace un momento andaba aquí pero ya se fue. No estoy segura de a qué hora regresará —me respondió amablemente.

—Está bien, probablemente mañana pueda hacerlo. ¡Muchísimas gracias! —Me despedí y nos fuimos todos al cuarto con Josecito a esperar a mi hermana Malú que llegó con comida para todos, con algo de ropa para mí y se llevó a su casa a mis hijas y esposo para que fueran a descansar.

El resto de los días que pasamos ahí, ella se encargó del cuidado de mis hijas, de que comieran bien, de comprarles ropa y de llevarlos todos los días al hospital para que estuviéramos juntos. Después de un poco más de una semana empezaron a regresar a todos los pacientes y sus familias a Houston. A mis hijas y esposo los trasladaron en un Jet con todas las comodidades y lujos de un viaje de primera. A Josecito y a mí nos transportaron en una avioneta del Hospital de Niños de Houston con todos los cuidados médicos necesarios.

Cuántas cosas vive uno, cuántas cosas se ven y se logran soportar sín saber el cómo o el por qué.

Sín poder evitarlo, tu mundo se voltea, tu ser, tu persona, se revelan. ¡Dios! ¿Qué esta pasando? ¿Por qué esto? Cómo seguir adelante si lo único que vale la pena para vivir, es la fe. Si lo único que le da sentido a lavida eres tú, ¡Dios!

¿Cómo seguir viéndote como un padre amoroso cuando estoy sufriendo el dolor más grande que un ser humano puede experimentar?

—Es que Dios no le hizo esto a Josecito. —Me dijeron algunos.

—¿No? ¿Y entonces quién?—pregunté—. Siempre he creído que en esta vida todo pasa por que Dios quiere. Es verdad que existe el mal, lo acepto, pero el mal también existe por que Dios así lo quiere. Dios es el creador de todo y por consiguiente tiene poder sobre todo. Entonces, ¿por qué permitió que algo así sucediera con mi Josecito, con nosotros? ¿Con todos esos niños del hospital y sus familias? Se lo pregunté una y otra vez, le dije que entendiera mi confusión, mi aturdimiento, mi frustración, mi coraje. Que era como si un padre o una madre le dice a sus hijos que los quiere pero después los golpea, sería difícil para esos niños creer sinceramente que sus padres los quieren si les causan dolor.

Pero también entendí y llegué a la conclusión de que aún sín saber el por qué de todo esto que nos estaba sucediendo, no se puede vivir ni seguir viviendo sín Dios.

Es decir, lo que realmente le da valor y significado a la vida, es precisamente Dios; es Él quien hace que la vida tenga sentido y razón de ser, el que nos motiva a dar lo mejor de nosotros mismos, es el principio y el fín, es la esperanza de encontrarlo cuando inevitablemente tengamos que cruzar el umbral de esta vida para dar paso a lo que sigue. Sé que algún día tendré las respuestas a tanto dolor y sufrimiento, pero hoy por hoy, sólo le pido a Dios que no le quite el sentido a mi vida, le doy gracias por SER, por existir así como también le doy las gracias por Jesuscristo a quien de manera especial le pido que me guíe y enseñe a vivir de acuerdo a la voluntad de nuestro Creador. ¿Acaso no fue el propio Jesús, quien nos enseñó desde el principio de los tiempos cómo "cargar" con el dolor?

Con todas estas emociones dentro de mí y con todo este remolino de pensamientos, ideas y conjeturas, decidí no preguntar más el por qué, como lo dije antes, estoy segura que un día tendré las respuestas; pero por hoy habría que seguir adelante hasta que Dios lo quisiera y con lo que él quisiera y fuera poniendo en nuestro camino.

A pesar de nuestra confusión y dolor, no dejamos de darnos cuenta, que desde que todo esto comenzó, sólo hemos conocido gente buena. ¿No ha habido ninguna persona que hayamos conocido o que se haya cruzado en nuestro camino, que hayamos tenido que decir, Dios por qué lo conocí? No. En honor a la verdad, todos, sin excepción han sido personas maravillosas y buenas que han aligerado nuestra carga y dolor y sé que esto sólo es obra y el amor de Dios.

Así continuaron nuestras vidas, tratando de hacerlo lo mejor posible, cuidándonos todos y sobre todo cuidando a nuestro José Naím, el centro y eje de nuestras vidas. Mis hijas me ayudaban a hacerle sus terapias a Josecito, aunque tenía tres terapistas que iban dos veces por semana, nosotros le hacíamos más en casa, para ayudarlo a estar mejor. Tahani, además me pidió le enseñara a darle oxígeno a José en caso de una emergencia ya que había veces en que yo me encontraba tomando un baño y tenía que salir corriendo en toalla y aveces con jabón cuando las alarmas empezaban a sonar. Todo esto se fue convirtiendo en lo cotidiano de nuestras vidas, era normal la llegada de las ambulancias a cualquier hora del día o de la noche. Las alarmas de los aparatos de Josecito podían sonar en cualquier momento. Entradas y salidas al hospital, días, aveces semanas sin estar en casa y pendiente de mis hijas, Aprendimos una forma diferente de vivir y de sentir.

No me atrevo ni siquiera a pensar lo que pasaba por la cabeza de mis hijas o cuáles eran sus emociones, miedos y sentimientos. Sus vidas también habían dado un giro total; ya no había risas, juegos, fiestas, ni siquiera jugetes o un patio para correr, ni amigos con quien hablar, sus miedos, sus dudas eran de ellas por que ni siquiera yo estaba ahí. Sé que pedir perdón jamás será suficiente y lamento profundamente no haber sabido ser madre de todos al mismo tiempo. Lo que estaba ocurriendo con Josecito ¡simplemente me rebasó! ¡Nubló mi entendimiento y mi capacidad de ver más allá! Por otro lado Farút se hacía pedazos tratando de que pudiéramos pagar todo (renta, agua, luz, gas,comida, suplementos para José, doctores, etcétera) Y aun así había ocaciones en que simplemente el dinero no alcanzaba. Varias veces tuvimos que recurrir a las sopas instantáneas que vienen en sobrecito para que fueran nuestro único alimento por semanas. Recuerdo que cuando esto ocurría, hablaba con mis hijas y les decía que por algunos días sólo comeríamos sopa a lo que ellas respondían con una sonrisa diciendo"Está bien mami, no te preocupes". Jamás se quejaron, su mundo, su realidad ahora eran la seguridad y vida de su hermanito, sín importar ni cuestionar nada más. Así estuvimos por un tiempo hasta que las cosas cambiaron y empeoraron un poco más.

Una noche, Josecito empezó a presentar problemas con su nivel de oxígeno, esto ya había pasado otras veces, pero hoy era diferente. Hice todo lo que se le debía hacer para ver si lograba estabilizarlo, cuando vi que no fue posible, tuve que llevarlo al hopital, donde permaneció cerca de tres semanas.

Aparentemente era neumonía con algo diferente que mostraban las placas, en sus pulmones. En esta ocasión no fue al piso siete después de emergencias, sino que lo llevaron al piso tres (cuidados intensivos), una semana después se estabilizó un poco y lo transladaron al piso siete para esa misma noche regresarlo al tres. La verdad era que José, mi José no se encontraba bien. Días más tarde me lo confirmaba un doctor cuando de la manera más impersonal me dijo, que sólo era cuestión de tiempo, que no sabían con exactitud lo que estaba pasando, pero que definitivamente estaba en rápido deterioro. Que posiblemente iba a llegar a necesitar cada vez más y más máquinas potentes hasta llegar a un punto en el que yo tendría que decidir hasta cuándo, ya que posiblemente él comenzaría a sufrir.

Palabras para describir lo que estaba sintiendo en esos momentos, les aseguro que no las hay.

Cuando el doctor salió, después de haber dicho todo aquello sobre el "futuro" incierto de mi José, yo me quedé mirando la nada; la señora Betty que había llegado junto con los doctores se me acercó y extendió su brazo hacia mí, tocándome, sobándome el hombro, era su forma silenciosa de decir: "lo siento, estoy contigo".

Volteé a verla y sín poder contenerme expresé con toda mi amargura:

—¿Qué hago? ¡Dígame! ¿Dónde meto este dolor que ya no cabe aquí dentro? —llevé mis manos a mi pecho, las lágrimas comenzaron a rodar—. ¿Dónde lo pongo, dónde? Si aquí está lleno desde hace once años... ¿dónde Dios? —mi exclamación fue más bien una súplica, un ruego.

La señora Betty se acercó más a mí y me envolvió en un fuerte y cálido abrazo con el que trató de transmitirme fuerza, consuelo, valor, cariño...

—Sé cuánto te duele esto... —sus palabras eran firmes pero suaves al mismo tiempo—. Entiendo tu dolor, tu desesperación —sus manos acrariciaban mi espalda, mi cabello, me dio un suave beso en la cabeza y siguió tratando de consolarme, de apoyarme en todo esto que estaba sucediendo.

Muchos sentimientos me llenaban en ese instante. La palabra "dolor" se había quedado corta, sin sentido para describir lo que estaba sintiendo. Las emociones, los sentimientos luchaban entre sí para establecerse y controlar mi cuerpo, mi mente, mi alma, como si todavía hubiera algo por qué pelear.

En ese momento llegó Enrique, el capellán del hospital y con el cual ya había platicado algunas veces. La señora Betty le explicó rápidamente lo que estaba sucediendo y le pidió que me hiciera compañía, ya que ella tenía que irse a cubrir otra cita con otros pacientes.

Enrique asintió con la cabeza y despidiéndose de ella se sentó a mi lado. Yo observaba a mi José, lo miraba sín ver y cuando Enrique se sentó a mi lado, me volteé hacia él y mis palabras salieron como una explosión.

—¡Ya no puedo más! —dije—. Sé que lo he dicho muchas veces, pero de verdad, ¡ya no puedo más! —mis lágrimas caían sin control y los sollozos entrecortaban mis palabras, mis manos iban de mi pecho a la cara—. ¡Ya no quiero poder más! ¡Ya no, ya no, por favor! —suplicaba—. Esto es demasiado para mí. No puedo con esto. ¡No puedo! ¡Duele! ¡Me duele pensar, me duele respirar, me duele vivir...!

Enrique me escuchaba en silencio, se acercó más a mí y me abrazó muy fuerte, yo me rendí a la ola de lágrimas, gemidos y sollozos que me estremecían sín control, sín tregua, convulsionándome.

Enrique, muy prudente y sabiamente no decía nada, solo me abrazaba y me acariciaba tratando de hacerme sentir confortable, transmitiéndome su calma, su paz, su comprensión.

—Es que yo no podría vivir si soy yo quien tengo que decidir sobre la vida de mi hijo, ¡no podría! ¡No puedo hacerlo! —le decía esto una y otra vez, aunque más que a él, me lo decía a mí misma.

El me miraba tratando de confortarme, dejando que expresara lo que estaba sintiendo.

—Pero, si es verdad que mi José comenzará a sufrir, ¿podré soportarlo? ¡Dios! ¡Por piedad, no!; yo no fui quien decidió ni planeó todo esto, así que no me pongas a mí en tal decisión. ¡No lo haré! ¡Yo no! ¡No podría! —Mis palabras eran un desborde de mis emociones acumuladas que atropelladas, buscaban una salida que me ayudara a calmar todo ese torrente de sensaciones y sentimientos sín control.

—¡Así que tendrás que seguir siendo tú quien decida sobre todo esto! —continué diciéndole a Dios. Más que nada estas palabras eran un ruego, una súplica.

Después de decir esto y varias cosas más y calmarme un poco, Enrique me dijo:

—Está bien. No te preocupes, todos —hizo una pausa y con su voz calmada continuó—, todos vamos a bailar el son que Josecito nos toque, será hasta que él quiera y todos estaremos con él y contigo —me dijo, estrechando mis manos entre las suyas. Yo asentí para él y más que nada para mí misma. ¡Así sería!

    Y efectivamente así fue, hasta que inevitablemente llegó aquel día...

    Tomé la decisición de no decirle nada a nadie de lo que estaba sucediendo con Josecito, ni a mi esposo ni a mis padres, mucho menos a mis hijas, ¿acaso no estaban sufriendo ellas ya demasiado? Su vida había dado un giro total, lo que antes era risas, juegos, diversión en sus vidas ahora era tristezas, confusión, no estaban teniendo la infancia que debían tener, asi que *no* tenía ningún caso agregarles más confusión, para qué causarles más dolor del que ya tenían, además la salud de mi papá era tan frágil, tan escasa...

    Una noche, estando despierta tarde aún, en el cuarto del hospital junto a mi hijo, captó mi atención las noticias del momento: hablaban de un gran desastre natural en alguna parte de Asia y también habían captado los titulares de los noticieros los centenares de personas muertas a causa de unas bombas en el Medio Oriente, no pude evitar un sentimiento mezclado de coraje y tristeza.

    Cómo era posible que hubiera tanta gente sana muriendo por los interes mezquinos de unos cuantos, por personas que olvidándose de su condición de seres humanos, desean tener el control y poder por encima de todo, sín importarles a cuántos seres humanos sacrifiquen para esto. Personas sanas, con derechos y deseos de vivir, de alcanzar metas, de realizar sueños. ¡Dios!, por qué las personas somos tan egoístas y crueles sobre todo cuando se trata de conseguir poder, un poder que aveces conlleva más sacrificios.

¿No era acaso, estúpidamente rídiculo y triste lo que estaba pasando? Bastaba con mirar a mi bebé postrado en esa cama y con su vida cortada de la manera más absurda y cruel; o salir simplemente por el corredor e ir viendo uno a uno de los cuartos de aquel enorme hospital, que en su interior, justo en aquel momento albergaba centenares, tal vez miles de vidas que luchaban por seguir adelante, familias entorno a sus hijos para ayudarles a recuperarse y madres que como yo, luchábamos, sí, luchábamos por encontrar algo, lo que fuera ,que no sólo les salvara la vida a nuestros hijos, sino que también les devolviera una salud plena para poder disfrutar de ella.

Realmente los miembros de la raza humana somos dignos de causar tristeza. ¿Acaso no era suficiente los desastres naturales que iban en aumento y terminaban cada vez con más vidas humanas? ¿Para qué tantas guerras? ¿Para qué tanta lucha inútil por "causas nobles o justas"?

Lo justo, lo noble, lo verdadero no necesita guerra ni sacrificios, mucho menos de vidas humanas.

Era muy tarde ya, así que opté por apagar la televisión y tratar de dormir un poco. El día sería largo, lo sabía, así que empecé como lo hacía siempre: levantándome lo más pronto que pudiera —casi siempre a las seis de la mañana— me acercaba a besar y platicar brevemente con Josecito, luego tomaba un baño, esperaba el cambio de turno de enfermeras que era a las siete y después me iba a la salita por un café y un *muffin*; venía precisamente de allí cuando en el pasillo me encontré con Mandy.

—Hola señora Montiel, ¿cómo está usted? —me preguntó amablemente, como siempre lo hacía.

—Estoy Mandy, todavía estoy —le contesté también de la misma forma que solía hacerlo. Ella sonrió.

—Es verdad, siempre me responde lo mismo. —hice un gesto a manera de respuesta—. ¿Cansada? —me preguntó y a mi mente llegaron de nuevo las últimas palabras sobre el pronóstico para Josecito.

—Sí, Mandy, muy cansada —respondí.

—Lo sabemos —me dijo— y por eso mismo los doctores se han reunido entre ellos y todos acordaron y firmaron una solicitud de enfermera para que le ayude con el cuidado de José.

—¿De veras? —pregunté extrañada —¿Se puede?

—Los doctores entienden que usted necesita ayuda, saben que usted está totalmente dedicada al cuidado de José todo el tiempo y desean ayudarla; —me miró dulcemente —no queremos que usted se enferme.

La observé detenidamente por un breve momento y después sonreí, creo que sonreí, ¿qué ironía, no?

—También recuerdo —me dijo Mandy—, cuando la vi sonreir así, hace un tiempo en ICU y le pregunté por qué o de qué se reía —su voz se hizo un poco grave— y usted me contestó que reía para no salir corriendo o para no gritar de dolor—me miró, escudriñándome.

—Así es Mandy —le confirmé—, y así sigue siendo —exhalé un suspiro—. Dile por favor de mi parte a los doctores que les estoy inmensamente agradecida, que excepto "Gracias", no tengo palabras.

Me despedí y caminé hacia el cuarto de José, mi José; me senté a su lado, lo miré y acaricié el contorno de su cara, sus mejillas, sus labios, su naricita, sus cejas. Tomé sus mano entre las mías, sentí su piel suave, vi su expresión tranquila, en paz.

¿Qué mayor ejemplo de amor, de fuerza, de valor podría haber...?

Cuando salimos del hospital y llegamos al departamento mis padres se fueron a México. Mi mamá solo acompañaría a mi papá y luego se regresaría para ayudarme con la mudanza a una casa que rentaríamos y así lo hizo, una semana despúes ya estaba otra vez conmigo ayudándonos con todo. La casa era agradable, más cómoda y grande que el departamento y la zona nos gustaba y también a mis hijas, que a esta fecha —octubre del 2007—, ya contaban, una con doce y otra con diez años.

De nuevo y como siempre, el equipo de los angeles con que nos había rodeado Dios en nuestra vida nos ayudaron con la mudanza hacia nuestro nuevo hogar.

Teníamos once días viviendo en nuestra "nueva" casa, mi madre un día antes se había ido a Dallas a pasar un tiempo con mi hermana Malú, que por cierto siempre aprovechaba cada oportunidad que tenía para venir a vernos y brindarnos todo su apoyo y estar pendientes de lo que hiciera falta, otro pilar más de nuestras vidas.

Nos encontrabámos en casa, todo estaba "normal" e igual que siempre, mis hijas ya habían llegado de la escuela y Farút se encontraba recostado. Se acababa de ir el terapista que venía a hacerle ejercicios a Josecito y un poco antes se había marchado la doctora Pauline que siempre venía a revisarlo y hacerle cambio de traquea. Otra persona con quien estoy sumamente agradecida por siempre. Me encontraba en la puerta de la casa con mis hijas que estaban sentadas en el jardín de enfrente e iba entrando junto con Samira, cuando de repente oímos un "¡Ma!"

Yo me quedé paralizada, pensando que había escuchado mal, cuando volvimos a oir otro: "¡Ma!"

—¡Mi hermano! —dijo Samira. Y yo inmediatamente corrí a su cuarto a verlo.

Al llegar junto a él, me volvió a repetir el "¡Ma!" y hasta hizo un movimiento de hombros. Enseguida revisé los aparatos, todo estaba bien, su corazón, su respiración, su oxígeno, todo bien, demasiado bien diría yo, los números así lo indicaban, más sin embargo yo sabía, sentía que algo estaba pasando y así me lo indicó mi corazón que se estaba desbocando en esos momentos.

Comencé a desflemarlo, pensando que tal vez algo estaba obstruyendo su tráquea y al darle oxígeno con el ambú, percibí que era como si ese oxígeno se lo estuviera dando al vacío. Samira al ver lo que estaba sucediendo llamó a su papá y a su hermana. Los niveles de oxigenación empezaron a bajar y hecha un manojo de nervios hablé al 911 y mientras ellos llegaban le pedí a Farút que le siguiera dando oxígeno a Josecito en lo que yo agarraba las cosas que necesitaríamos en el hospital.

Llegaron los paramédicos y les expliqué breve y rápido lo que estaba sucediendo. Nos llevaron al hospital más cercano. Por esta vez, por esta única vez, no me dejaron ir atrás con mi bebé, pero pude ir observándolos y darme cuenta que le iban haciendo CPR (Resucitación Cardio-Pulmonar). Farút y mis hijas se fueron siguiéndonos en el carro.

Cuando llegamos al Hospital y lo bajaron, le pregunté a uno de los paramédicos cuáles eran los números que traía mi bebé, a lo que respondió con una leve mirada esquivando la mía, yo insistí.

—¿Qué números trae, por favor?

—Ninguno, no trae ningún número. —respondió rápido, yo me helé por completo, sabía lo que eso significaba. Se llevaron a Josecito hacia dentro del hospital, yo, tras de ellos.

De nuevo no me dejaron entrar con él al cuarto de emergencias. Yo intenté localizar a Farút que no llegaba por lo cual me hizo pensar que él junto con mis hijas se habían equivocado de hospital, pensando que lo llevarían al de siempre.

Mucho o poco tiempo pasó antes de que me diera cuenta de lo que había sucedido. Nadie se atrevió a decirmelo. Me metí al cuarto al ver que pasaba el tiempo y nadie me decía nada. Al lado de mí se encontraba el encargado de seguridad. Abrí la puerta y entré, no había nadie, solo se encontraba mi José en la cama. Cuando lo vi inerte en la cama, pero ya sín ningún aparato conectado a su cuerpecito, entendí, *sentí* lo que había pasado. Volteé a ver al de seguridad que me había seguido, solo inclinó su cabeza y no pudo sostenerme la mirada.

¡Dios! Mis piernas flaquearon, pero él me sostuvo para que no desfalleciera en aquel momento.

A mi mente llegó la noche anterior, cuando estando a solas con mi bebé, en nuestro cuarto platiqué con él. Estaba tocando fondo, lo sabía, estaba vencida, también lo sabía. Cuántas veces había pensado cómo sería este momento. Había sufrido anteriormente tan sólo de pensarlo, pero sabía que no tardaría en suceder, lo sentía.

Estaba consciente de que mi José no sanaría, que jamás volvería a ser el niño que debió ser. Que sus ojos no volverían a verme, que sus manitas no buscarían mis brazos ni acariciarían más mis mejillas, que su sonrisa no inyectaría de nuevo luz y vida a nuestras vidas.

Estaba consciente de ello y también sabía que no debía seguir así, que no merecía estar postrado a una cama, inmóvil y sujeto a tantas cosas que ni siquiera le daban vida, existencia sí, pero no vida.

Estaba consciente también de que tenía que dejarlo ir. Y habiendo tomado esta decisión me había acercado a su lado —la noche anterior—, lo tomé en mis brazos entre lágrimas y besos le dije susurrándole y acariciándole:

—¡Por favor, amor, ya no más! ¡No soportaría verte toda una vida así! Yo no quiero esto para tí. No sería justo. Eres mi vida, es verdad, lo sabes y nunca fui más feliz que cuando te tuve conmigo, pero no así amor. ¡No así! No te lo mereces... —las lágrimas no dejaban de rodar por mis mejillas, aunque quería contenerlas y traté lo más que pude que mi voz fuera calmada, lo más sosegada que fuera posible y que aquél momento me lo permitía.

—P-por f-favor, yo no podré decidir nunca sobre esto, lo sabes, no lo puedo hacer, esto tendrás que decidirlo tú amor. Yo estaré bien, no te preocupes por mí —traté de sonreir—, además te pido por favor, que desde allá, cuando estés con Dios, le pidas por todos nosotros, dile a Jesús que te ayude a cuidarnos y que no nos deje ni siquiera un momento solos; reúnete con Farucito tu hermano, conozcánse y ¡ámense! Visítame en sueños, hazme sentirte, saber que todo está bien, que tú estás bien, hazme saber que todo esto valió la pena, ¡por favor...!

»¡Te amo! Y necesito que ya no más, ¡necesito que ya no sufras! Has sido muy valiente amor, has resistido bastante y te doy las gracias, pero ya es suficiente. Estaré bien, yo estaré bien, ya no te preocupes por mí, ¡te lo ruego! ¡Te amo José Naím! Eres ¡y serás por siempre *mi amorcito corazón*!»

Recorrí cada centímetro de su cuerpo con mis ojos y con mis manos, acariciándolo, sintiendo su tierna y suave piel, besándolo, aspirando e impregnándome de su suave olor, llenándome de él, quería grabarme cada detalle, cada centímetro de su cuerpo, de su ser, de su escencia, quería fundirme con él y transmitirle mi vida...

Después de esto lo deposité en su cama, lo coloqué lo más confortable que pudiera estar. Yo me dejé caer en mi cama, no quería pensar, no quería sentir; estaba cansada, agotada física, mental y espiritualmente.

¡D**ios**! Dios me había escuchado, realmente anoche cuando platiqué con él, me escuchó ¡y me comprendió! ¡Entendió cada una de mis palabras, cada una de mis súplicas...!

Ahora, frente a su cuerpecito en esta cama de este hospital, todo me empezó a dar vueltas, no me atreví a acercarme más a él.

Me salí del cuarto y busqué un teléfono, el de seguridad me ofreció su celular.

— Ocúpelo todo el tiempo que quiera. —me dijo con amabilidad y comprensión.

Yo me encontraba muy lejos de ahí, mi cuerpo estaba, sí, pero yo, mi alma, mi mente, mi yo, no. Todo lo veía cubierto por una densa neblina obscura, escuchaba las voces de los demás y la mía como distorsionadas, como muy lejanas, al igual que los movimientos de todos. La primera en llegar y la primera a la que llamé fue a Amber, que tampoco daba crédito a lo que estaba pasando. Después llegó Lorena y Abraham, el padre Phillipe y la doctora Pauline que me hizo tomar unos tranquilizantes y después ya no supe más.

"Cuando el dolor sobrepasa los límites, el alma se arrodilla, la lágrima se seca, el grito calla, la razón se pierde y la locura se averguenza..."

Ni siquiera sé decir o describir el estado en el que entré, era algo que esperaba y no, sentía todo y nada al mismo tiempo; ¿sueño o realidad? ¿Quién puede saberlo? La vida...

¿Qué es la vida para quienes nos toca lidiar con tanto dolor? ¿Tendrá una finalidad o sentido todo esto? Espero sinceramente que sí. Todos los días trato de no pensar en ello, sé que aún no estoy lista para saberlo.

Lucho conmigo misma día a día para seguir en pie. Dicen que siempre hay una razón por la cual seguir adelante, aunque sea la de no dejarse caer. Yo, además tengo otras razones que son vitales y fundamentales en mi vida: mis hijas, mi esposo y mi familia.

Sólo tenemos la vida y sé que por el simple hecho de tenerla merece la pena ser vivida, es nuestra responsabilidad y de nosotros depende el "cómo", esa es tal vez nuestra misión, nuestra tarea para que esto no sea sólo una existencia y valga la pena ocupar un lugar y tiempo en esto que nosotros llamamos "vida". En la cual sólo tenemos dos opciones:

Seguir adelante (o por lo menos de pie) aunque el futuro sea impreciso, desconocido o dejarte caer, derrumbarte y esperar igualmente lo incierto.

Todo depende de nosotros, de nadie más, depende de nuestra razón, de nuestro corazón, de nuestros sentimientos e ideales. De igual manera tarde o temprano los dos caminos nos llevan a un mismo destino... Sí, la única diferencia es cómo recorremos ese camino. Esto hará que las cosas nos sean más fáciles o más dolorosas aún.

Por que sín importar el camino que escogamos, será al fín y al cabo nuestra decisión (nuestro libre albedrío). Y sín importar lo largo que nos parezca, si lo recorremos con entrega y valor, con la fe de que estamos haciendo lo correcto, nadie, nadie podrá quitarnos lo único que realmente le dá sentido a nuestras vidas: *Nuestros sentimientos y emociones construídas por mérito propio.*

La satisfacción de haber luchado por lo que creímos, por lo que sentimos, sín importar si tuvimos o no el éxito esperado o deseado, será la recompensa a nuestro esfuerzo realizado, a nuestra lucha.

Hoy por hoy, sigo llena de dolor, de confusiones, de dudas, de preguntas sín respuestas, pero he decidido ya no hacerlas más, creo firmemente que un día tendré la respuesta a cada cosa que hoy no entiendo.

Siempre he creído que todo pasa por algo y aunque aún no he descubierto ese "algo" que hizo que nuestras vidas giraran una y otra vez, tengo la esperanza que el dolor y sacrificio que hemos vivido valgan la pena.

Seguimos de pie todavía, tratando de seguir con la vida lo más normal que podamos, con la ilusión de que el mañana nos depare cosas hermosas para vivir y sentir. Yo sé que ya nada es igual ni lo volverá a ser; yo aún me busco a mí misma y no me encuentro. No reconozco en mí nada de lo que antes era. Hoy, estoy llena de emociones y sensaciones nuevas difíciles de explicar y manejar y al mismo tiempo estoy llena de nada.

Sufrimos, mi esposo, mis hijas y yo, el mayor estrés y dolor que un ser humano es capaz de sentir, llegué al límite y lo rebasé; colapsé varias veces, "tiré la toalla" y me vi obligada a levantarme de nuevo. Luché incluso contra mí misma, con mis pensamientos, con mis sentimientos y con mis emociones. Luché conmigo misma cada día, cada hora, cada instante, presa de todo y nada, esclava de mis propias emociones, de mis ideas, de mis pensamientos, de mis mayores temores y miedos.

Experimenté todas las emociones que un ser humano es capaz de sentir, las que se conocen y las que aún no tienen nombre. Viví muriendo cada minuto, cada pensamiento, cada emoción que invadía mi alma, mi ser, mi yo y con esto confirmé que es verdad que hay muchas formas de vivir, pero sín lugar a dudas, también hay muchas formas de morir...

Pero como lo expresé anteriormente, en medio de toda esta confusión y dolor, algo tengo bien claro: quiero que todo este sacrificio y dolor vividos valgan la pena, que el sufrimiento que vivieron mis hijos y nosotros mismos, no haya sido en vano, quiero que dé frutos. Al mismo tiempo también sé que debo y quiero enseñarles a mis hijas que la "vida" también es hermosa y que vale la pena ser vivida en plenitud. Y que por encima de nostros mismos hay alguien que depositó en nosotros todo su amor y esperanzas: Jesúscristo, que también sufrió y dio su vida por nosotros.

Que todos tenemos un principio y un fín. Que venimos de ese mismo principio y es nuestro deber y responsabilidad conseguir ese mismo fín: Dios. Quien puso todas sus esperanzas en esta creación de la cual formamos parte.

Por eso, hoy y siempre con esta confianza y seguridad del amor de nuestro Creador, pongo una vez más mi vida entre tus manos Padre, sin importar lo bueno o no tan bueno que me parezcan las cosas, la alegría o tristezas que me tengas reservadas, pero sí con la seguridad de que lo que en mi vida pase es lo que tú, mi Dios, pusiste en mi camino para que yo las viviera. Y ese simple hecho es suficiente para mí. Por eso te agradezco inmensamente la oportunidad que nos has dado de vivir, de existir, de formar parte de tí, de tu creación, de tu sueño.

Gracias Padre Dios por habernos pensado, por habernos creado, por habernos moldeado, por planearnos una vida. Gracias por confiar y creer en nosotros pero sobre todo, ¡*Gracias por amarnos...*!

También sé, que si pudiera regresar el tiempo y Dios me diera la posibilidad de escoger, si Dios me dijera: "Tienes la opción de tener dos hijos varones (Farút Yucef y José Naim), pero sucederá *esto* y *aquello* con ellos (es decir todo lo sucedido, todo lo vivido con ellos), pero tú decides si quieres o no". Si me lo dijera así sé, sín lugar a dudas, que volvería a decir: "Sí, quiero tenerlos en mi vida", sín importar el tiempo o las circunstancias...

A todas aquellas madres, padres, personas en general que han sufrido o están padeciendo un indescriptible e inconsolable dolor, los dejo con una frase que mi hija Tahani me dijo y que leyó en alguna parte:

—Mami, no te preocupes, *a sus mejores soldados, Dios, les dá las peores batallas...*

Yo confirmo una vez más que los mejores soldados, los incansables guerreros, mis mejores maestros han sido y siguen siendo mis hijos, por quienes no me canso de agradecerle a Dios el enorme privilegio y honor que me concedió al permitirme ser madre de ellos:

Farút Yucef, Tahani, Samira, José Naim los amo por siempre y para siempre.

Padre Dios nuestro, nosotros somos tu sueño, tú, nuestra realidad.

Si gustas platicar conmigo, si crees que puedo ayudarte en algo, por favor communicate conmigo, sín importar el tiempo, la hora o el día.

<u>RMONTIELF@aol.com</u>

281 917 0566.
¡Gracias Dios!

ÍNDICE

Mi gratitud 11
Introducción 13
El presente y un poco de mí 15
Mi Primer Cita con el Dolor. 25
¿De nuevo el Sol? 37
¿Dónde estás? 57
Nuestra realidad 83
¿Y ahora qué...? 103
Sí, quiero tenerlos en mi vida 125

www.ingramcontent.com/pod-product-compliance
Lightning Source LLC
LaVergne TN
LVHW041254080426
835510LV00009B/735